全国教育科学规划项目（BIA170211）

变革与应对：
共同治理视阈下高校治理结构变革的机理与路径

Revolution and Countermeasure:

Mechanism and Path of University Governance Structure

Reform from the Perspective of Common Governance

吕旭峰　著

上海交通大学出版社
SHANGHAI JIAO TONG UNIVERSITY PRESS

内容提要

本书是全国教育科学规划"十三五"项目的成果。本书主要围绕"共同治理视阈下高校治理结构变革的机理与路径"这一中心问题，以较为系统的理论探索和扎实的实证调研相结合的方法和路径进行综合性研究。具体研究内容：一是高校多元共同治理体系内涵与外延研究；二是我国高校治理结构的历史与现状研究；三是研究目前我国高校建立现代大学制度改革存在的问题与困境；四是探索高校治理结构变革的机理与路径，提出应对与变革的建议。

本书适合高等教育管理者和相关研究者等读者阅读参考。

图书在版编目(CIP)数据

变革与应对：共同治理视阈下高校治理结构变革的
机理与路径/吕旭峰著.—上海：上海交通大学出版
社,2024.11—ISBN 978-7-313-31597-7

Ⅰ.G647

中国国家版本馆 CIP 数据核字第 2024W4M731 号

变革与应对：共同治理视阈下高校治理结构变革的机理与路径
BIANGE YU YINGDUI：GONGTONG ZHILI SHIYUXIA GAOXIAO ZHILI JIEGOU
BIANGE DE JILI YU LUJING

著　　者：吕旭峰				
出版发行：上海交通大学出版社		地　　址：上海市番禺路 951 号		
邮政编码：200030		电　　话：021-64071208		
印　　制：苏州市古得堡数码印刷有限公司		经　　销：全国新华书店		
开　　本：710mm×1000mm　1/16		印　　张：10.5		
字　　数：121 千字				
版　　次：2024 年 11 月第 1 版		印　　次：2024 年 11 月第 1 次印刷		
书　　号：ISBN 978-7-313-31597-7				
定　　价：88.00 元				

目　录

CONTENTS

第一章

导　论

第一节　大学治理:现代大学制度
　　　　发展的时代选择

一、现实背景

(一) 中国特色现代大学制度建设的重要命题

全面深化高等教育改革的内在要求。现代大学制度建设是高等教育体制改革的关键,2010 年颁布的《国家中长期教育改革和发展纲要(2010—2020 年)》明确提出建设现代大学制度的战略任务,并将其作为教育体制改革的重要内容。现代大学制度建设的核心问题是大学治理结构,《国家中长期教育改革和发展纲要(2010—2020 年)》提出了"大学治理结构"概念。全国教育体制综合改革确立了 48 个现代大学制度改革试点,试点院校将推进校院管理体制改革作为现代大学制度改革突破口,其目的在于通过校院两级分权,实现管理重心进一步下移,以完善高校内部治理结构,从而充分调动基层学术组织的积极性,激发院系办学活力。

完善治理体系和提升治理能力的必然要求。2019 年,党的十九届四中全会通过的《中共中央关于坚持和完善中国特色社会主义制度、推进国家治理体系和治理能力现代化若干重大问题的决定》深刻总结了中国特色社会主义的制度优势,为坚持和完善中国特色社会主义制度、推进国家治理体系和治理能力现代化谋划了蓝图、指明了方向。《中共中央关于全面深化改革若干重大问题的决定》明确提出深化改革的目标是:完善和发展中国特色社会主义制度,推进国家治理体系和治理能力现代化建设。《中共中央关于全面深化改革若干重大问题的决定》对教育领域综合改革作出全面部署,指出"要深入推进管办评分离,扩大省级政府教育统筹权和学校办学自主权,完善学校内部治理结构"。

国家颁布了系列规章制度,这些政策法规的实施将高等教育治理体系现代化探索之路纳入常态化、法治化与规范化之路,进一步推动了我国高等教育治理体系建设。2015 年和 2018 年两次修订的《中华人民共和国高等教育法》以法律形式提出要求,教育部颁布实施《高等学校章程制定暂行办法》(2012)、《关于深入推进教育管办评分离促进政府职能转变的若干意见》(2015)、《教育部等五部门关于深化高等教育领域简政放权放管结合优化服务改革的若干意见》(2017)、《中国教育现代化 2035》(2019)、《加快推进教育现代化实施方案(2018—2022 年)》(2019)等。

一流大学与一流学科建设的重要条件。国务院对建设世界一流大学和一流学科作出明确部署,强调要以学科为基础,完善内部治理结构,加强学术组织建设,充分激发高校内生动力和发展活力,引导高等学校不断提升办学水平。治理结构作为"双一流"建设的核心,为进一步推进"双一流"建设,国家对现代大学治理提出了更高要求。《关于深入推进世界一流大学和一流学科建设的若干意见》(2021)指出,完善学校内部治理结构,深化人事制度、人才评价改革,充分激发建设高校内生动力和办学活力,加快推进治理体系和治理能力现代化。

(二) 高校治理实践中的现实问题

高校治理结构包括内部治理和外部治理两个方面,即政府、社会与高校关系及高校内部治理要素的关系。现代治理与传统管理具有极为重要的概念性差别,一般管理强调自上而下的高校垂直监管,高校治理比较关注与其制度运行存在利益关联的群体利益诉求,在多元利益群体参与中,平衡高校管理价值,提升其管理效率(林闻凯,2014)。党的十八届三中全会提出:"推进国家治理体系和治理能力现代化",突出强调国家治理,新管理主义的治理被提到前所未有的高度。然而,由于大学管理强调实用性即功利价值,大学治理则强调长效性即价值理性,高校重视"管理"而忽视"治理"(丁笑梅,2012)。治理与管理的边界不清晰,各方对于利益的不同诉求,这是当前我国大学建设中的一个重要问题。如何重构现代大学治理理念,重塑大学治理结构一直困扰着高校与学界。

党的十八届三中全会特别指出,要"完善学校内部治理结构";刘延东也指出:"要建设中国特色现代大学制度,形成新型的大学内部治理关系",当前我国僵化的高校内部治理结构已经成为制约提升高等教育质量的桎梏(别荣海,2016)。故高校内部治理结构研究如火如荼,所谓高校治理结构就拘泥于内部治理结构,忽视了政府、社会与高校等外部关系治理的重要性。另外,我国高校内部治理结构在调整与完善的实践过程中仍存在着诸多矛盾与冲突,如行政权力与学术权力界限在治理结构的不同层级之间不清不楚地纠缠,对改革的路径和策略尚不太明晰,难以寻求到合适的切入点和抓手等(别荣海,2016)。也有学者认为,高校内部的政治权力与行政权力、学术权力不是一个层级的权力,……行政权力和学术权力是在政治权力的统领下发挥作用的(靳玉乐,2023)。

随着社会发展,大学功能不断扩展,学校与政府、社会联系越来越多,外部治理结构理应得到更加重视和关注。高校尤其是公立大学的治理受到政府影响较大,政府一般运用法律法规、战略规划、拨款资助、行政干预、质量评估、社会舆论等多种政策工具,对大学发展施加影响。另外，教育部、国家发展和改革委员会、财政部三部委于 2015 年 10 月联合发布《关于引导部分地方普通本科高校向应用型转变的指导意见》，提出"建立学校、地方、行业、企业和社区共同参与的合作办学、合作治理机制"（刘向兵，2016）。但是，由于管理体制和文化传统等原因，高校与社会脱节问题比较严重，主要表现在政府强势于学校；行政强势于学术；学校强势于学生；学校强势于社会（赵炬明，2015）。

二、理论背景

（一）治理理论引入高等教育领域

20 世纪 90 年代，利益相关者理论被引入大学治理研究领域，学者们把大学看作是所有利益相关者权益主张实现的载体，政府、校友、纳税人等被纳入大学利益相关群体中。此外，西方政治学、管理学领域开始兴起一种新的社会管理理论——"治理"理论，它强调将公共事务管理权限和责任，从传统的"政府"垄断中解放出来，形成一种多元主体共治局面。无疑，利益相关者理论及共同治理理论为分析大学与政府、社会、大学及院系各利益群体关系提供了可借鉴的分析范式与理论框架。

（二）高校治理结构共同治理格局尚未形成

共同治理理论是在利益相关者理论基础上形成的，最先用于公司治理领域，后来发展到社会、教育等相关领域。随着高等教育规模扩张，知识生产与传授模式转变，传统的学术治理转向了共同治理。而针对目前中国大学制度存在的弊端和大学实施共同治理的优势，实施各利益相关者参与的大学共同治理模式可以更好地构建符合中国国情的大学制度。美国大学教授协会（American Association of University Professors，AAUP）、美国教育理事会（American Council on Education，ACE）以及美国学院与大学协会（Association of American Colleges and Universities，AAC&U）在《学院与大学治理的联合声明》（Statement on

Government of College and University，1966)中将"共同治理"定义为"基于教师与行政部门双方特长的权力和决策的责任分工,以代表教师和行政人员共同工作的承诺",提出共同治理原则。

在比较与借鉴研究方面,众多学者考察了美国大学从建立至 20 世纪 90 年代以来的大学治理制度,指出目前美国大学最普遍的治理模式是共同治理,并且代表了西方大学治理的历史发展方向(王英杰,2011)。杨瑞龙(2000)提出了从单边治理到多边治理,结合我国国情提出共同治理。盖尔认为高校的实质是大学内外利益相关者参与大学重大事务决策的结构和过程(Gayle,2004)。大学治理结构形式上体现为一种对大学进行管理和控制的体系,其实质是大学决策权力的制度安排问题,既表现为大学内部权力的分配、协调与行使的制度,也表现为大学与外部环境,如政府和社会等其他利益相关群体相互作用的规则。共同治理是大学管理创新的关键(刘献君,2015)。随着经济全球化和大数据时代的到来,高校治理逐渐走向多中心共同治理时代。只有通过高校治理结构的变革与优化,利益相关者共同治理,才能促进高校面向社会办学,满足学生与社会需要。

(三) 高校治理结构变革的系统性研究缺失

在共同治理视阈下,大学外部利益相关者参与大学重大事务决策和监督等问题长期没有得到理论界的重视。在宏观治理体制机制的实践与理论研究方面,研究者多从党委领导下的校长负责制(陈德文,2002;顾海良,2003;李卫红,2004;李明泉,2005;李延保,2008;赵永贤,2011)、学术委员会发挥教授治学作用(秦惠民,2002;苏宝利,吕贵,2003;毕宪顺,2004,2005,2008,2011;王建美,宋静波,2011)和教代会发挥桥梁和纽带作用进行民主管理(沈芸,2004;张丽君,2005;郭卉,2007;毕宪顺,赵凤娟,2009)等诸方面进行研究。虽然也有很多研究者关注董事会制度建设,但把董事会作为治理结构主要因素多元化治理的研究文献却非常鲜见。一些研究多是探讨西方国家高校董事会制度（车海云，2001；潘燕，2004；付姣，2006；辛艳慧，2007；李红桃，2008；许金龙，徐晓娜，2008；王绽蕊，2010）。赵炬明（2015）还提出在我国高校建立学校治理委员会制度的设想。对董事会和理事会单独进行研究的文献数量较多，但把董事会、理事会等作为外部治理结构的重要因素进行研究的文献数量较少，系统性研究建构我国高校治理结构的文献就更少了。

总之，如何变革和构建治理结构体系研究不够；就教育而研究教育得多，从新管理学视角思考治理结构不够；内部治理结构研究得多，关注高校外部治理结构不够。并未有意识地在共同治理理论框架中，聚焦高校内部和外部多元化治理机制的探讨，很少从利益相关者去分析各要素理应在治理结构中发挥应有的作用，提出变革与优化高校内、外部宏观治理结构的路径。

高校组织变革是建设"双一流"和向社会开放办学的亟待需要。以管理学"共同治理"理论为支撑，以治理结构（治理元素）为基点，探寻适应高校内、外部宏观治理结构的核心要素，分析其机制和机理，编制动态模型，提出多元治理结构变革与优化的不同路径。

第二节　利益相关者：高校治理结构
变革的价值取向

一、理论意义

本书采用规范的质性研究方法，基于国内外案例研究，根据利益相关者理论和要素分析法，分析高校内、外部利益相关者的利益诉求，在诸多利益相关者主体之间寻求平衡点，探寻其分布在高校治理结构中的变革机理；在共同治理视阈下，根据高校类型，构建不同的治理结构变革路径。探寻高校治理结构的机理,建构高校与社会的新关系,提出高校治理结构变革的不同路径;提出党委领导下的董事会制度,界定其职能和权力,依法分权而治,形成权力分配和制约机制,使其在政府、企业、高校、社会多元共同治理中发挥积极作用,达到高校内、外部各方利益最大化,实现有效治理;研究重在分析机理与机制,探寻各利益相关者的相互关系及其诉求,从学理上为变革路径奠定基础。

二、实践意义

2013 年召开的党的十八届三中全会首次提出"推进国家治理体系和治理能力现代化""深化教育领域综合改革"。本书着眼于构建"中国特色、世界水平"的现代大学治理结构,在党委领导下的校长负责制和董事会决策制下,政府系统、社会系统、高校党委行政系统、学术系统、学生系统一体化的整体框架下,形成多元共同治理的机制和变革路径,有效破解上述难题。将为构建现代大学制度和体系提供重要的参考和政策依据,为高校治理结构体系变革与优化提供差异化方案路径。

第三节 共同治理视阈下高校治理
路径的研究框架

一、案例研究法

本书采用质性研究方法,基于国内外高校多案例研究,在理论抽样原则的指引下,对多个案例进行对比和分析,识别出被分析案例单元的相似性和异质性,从而实现理论构建提出高校院系治理结构变革机制和路径。借鉴国内外高校院系治理结构的典型案例,更准确地描述不同的概念及其相互关系,分析高校院系内外部治理要素。本书注重单案例分析和多案例、跨案例比较分析，通过学校官网、联系案例学校、分析相关研究、实地考察访谈和问卷获得信息。

二、问卷调研法

严格遵循问卷调查法的一般步骤和原则：首先，通过阅读大量文献，找出与本书问题相关的问卷，从中提炼出本书可应用问题。同时，结合小规模访谈结果，设计出符合本书要求的问卷；其次，对问卷进行小规模的前测，基于被测者提出的问题及建议，对部分测量指标进行调整；最后，大规模问卷发放，并对发放过程进行严格控制，确保有效问卷比例达到理想状态，为统计分析打下坚实的基础，使得问卷数据能够真实反映出存在的问题。

三、访谈调研法

实地调研访谈了北京大学、清华大学、上海交通大学、同济大学、复旦大学、浙江大学、哈尔滨工业大学、哈尔滨工程大学、吉林大学、浙江工业大学、宁波大学、华中科技大学、中山大学、汕头大学、澳门大学、南方科技大学、西交利物浦大学、南京师范大学、浙江经贸职业技术学院等各个类型、各个层次的高校；同时通过邮件、电话等方式访谈了加州大学伯克利分校、麻省理工学院、西安交通大学、华东师范大学、华中师范大学等一系列高校，获取了各高校教师和行政人员所在院系治理情况，并收集他们对院系治理的看法。

四、文献研究法

研究借助图书馆数据库资源：CNKI、Web of Science、EBSCO、Springer Link、Elsevier、Google Scholar 等期刊平台，对共同治理理论、利益相关者理论、大学治理、院系治理、学术治理等国内外相关文献进行收集、阅读、整理与综述，确定研究的切入点及相关维度与指标。

具体研究框架图详见图1-1。

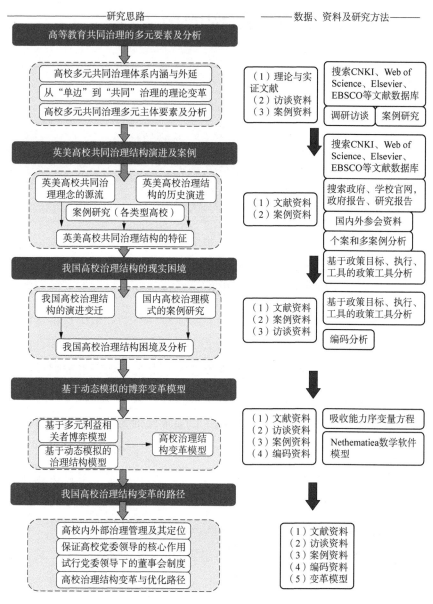

图1-1　研究框架图

第二章

高校治理结构的历史演变

第一节　学者自治期

　　学者自治背后的逻辑是学术自由，它是学术人员的一种特权，而学术自由的前提必须是大学自治。因此，高校治理结构的学者自治期实质上是在高校与外部关系中，高校拥有自主管理的权利。学术自由权作为一种权利而存在，其源头是古希腊智者学派对高深知识的思考和自由探索，是一种思想领域的个人活动，该阶段的学术自由尚未形成规模。伴随欧洲沿海地区手工业的繁荣和商品交换的活跃，一方面，一群热衷学术和真理的学者开始自行聚集，出现了以追求真理为宗旨的学者自治社团，这些社团成为大学组织的雏形；另一方面，大学也刚成为学术交流的载体和保护学术自由的组织架构。故大学形成标志着学术自由成为一种约定俗成的权利。

　　学者自治期的大学治理结构简单，初期以行会的形式存在①。在该模式下，教师和学生为了共同的利益组织起来，形成利益共同体，其实质是一种自我控制型的学会组织模式②。这一时期大学成立主要有三种途

---

① 赵文华，龚放主编. 现代大学制度：问题与对策[M]. 上海：上海交通大学出版社，2007：74.
② 罗伯特·伯恩鲍姆. 大学运行模式[M]. 别敦荣，译. 青岛：中国海洋大学出版社，2003：81-89.

径:①自然形成型。学者、师生自发聚集研习,随着人数和规模的扩大,逐渐发展壮大形成大学。②创立型。国王或教皇颁发特许状直接创办大学。③衍生型。学者或师生离开原来的大学,在迁徙过程中基本按照原有大学模式在异国或异地创立大学。①

中世纪的欧洲深受教会控制,任何超越教会界限的思想都会被视为异端,持异端思想的学者会被绑在火刑柱上烧死。尽管如此,还是有一批学者冒着生命危险传播自己对于神学的批判性思考。以巴黎大学(University of Paris)为例,最初仅仅是一批学生和教师聚集在巴黎圣母院大教堂附近开展讲学活动的非正式组织,没有明确的内部组织架构,国家层面也未制定相关的法律法规对该类非正式组织进行规范。这也就意味着教师和学者的权利没有得到法律保障,同时也没有法律对其行为进行约束和限定。该阶段只有教师领导整个学术群体与教会进行斗争,斗争的方式主要表现为迁移、联合抵抗以及暴力。随着更多迁移行为的发生,迁校逐渐演变为大学成立的一种路径,由于该进程由教师主导,最终巴黎大学确立了教师自主管理的治理体系,该体系下由教师投票决定日常事务、组织行政管理队伍、自主设置课程与教学计划、拥有聘请新教师等权利,故此时的巴黎大学是一种学者自治性的治理结构。

由于中世纪大学大多数是师生通过行会及其他各类组织,按照一定专业或职业建立起来的知识传授机构,学生和教师拥有较大的自主权,主要表现为:招生和聘请学者的权力,制定教学内容和独立授课,颁发学位证书及其他教学、行政事务管理权。在组织形式上,大学已经具有学部、民族团和学院等重要组成部分。其中,学部和民族团主要出现在巴黎大学和博洛尼亚大学(University of Bologna)等学校中,学院在剑桥大学和牛津大学更为常见。

---

① 黄福涛.外国高等教育史[M].上海:上海教育出版社,2003:58-59.

由于大学内部组织架构和权力配置的不同,中世纪大学初步形成三种类型:一是教师型大学,以巴黎大学为代表,它最初是巴黎圣母院附属讨论哲学和神学问题的教师行会,教师是行会的主体,有权颁发教学证书和学位,且大学内部管理机构的负责人均由教师选举并担任,学校最高管理者是由教会任命的校长担任;二是学生型大学,以博洛尼亚大学为代表,它产生的根本原因是在工商业迅速发展的背景下,外地求学者对平等公民权的追求,学生自发形成行会保护自身权益,由学生雇佣本地人担任教师,而教师的势力远不及学生民族团,各民族团推举 1—2 名首领担任大学最高管理者,轮流管理大学的行政、司法及教学等事务;三是混合型大学,法国南部、伊比利亚半岛和东欧一带的部分大学中,有的效仿教师型模式,有的效仿学生型模式,还有的大学由教师和学生共同管理。

第二节　政府管理期

中世纪后期,哥伦布发现美洲大陆并为欧洲通往各国开辟航线;商业资本主义出现并取代西欧封建庄园经济,经济领域的重大变革宣告了骑士阶层及领地分封时代的没落;世俗王权逐步强大,并在文化教育等领域占据主导地位。此外,文艺复兴运动的影响不断扩大,欧洲民族国家崛起与宗教改革运动兴起,共同推动欧洲传统大学向民族化方向发展。

这一时期,高校数量和形态开始出现多样化,主要分为两大类:一类是世俗型大学,它们或是直接创办,或是改造改编形成;另一类是教会型大学,它们或是由天主教创办,或是由新教创办,或是面向所有教派开放。[①] 一方面,大学开始逐渐摆脱以巴黎大学为代表的一批中世纪大学

---

① 吴慧平. 西方大学的共同治理[M]. 北京:北京师范大学出版社,2012,89.

的影响,不再追求统一模式,更加注重国家和区域利益,力求将大学改造成为地方、民族、国家服务的机构。另一方面,中世纪初期大学重神学和国际性的基本特征逐渐消失,取而代之的是强烈的民族和世俗特色;各国大学之间的共性与交往减少,大学形成初期的跨国家讲学逐步消失,民族团在各大学中的地位也不断下降。

18世纪后,一方面,资产阶级革命胜利和声势浩大的工业革命使得大学和社会的关系更为紧密,学者自治团体已无力承担由科学分化与科学研究所需的巨额经费,只有国家和政府才能承担。另一方面,大学成为传播和生产知识的主要机构,政府希望大学能够走出象牙塔为社会服务。因此,大学的社会功用也日益显现,国家和政府开始出资办学或向大学拨款。由此国家和政府对大学管控也逐渐增多。

这一时期,国家和政府对大学的干涉主要呈现两种形态:国家控制模式和国家监督模式。① 国家控制模式下,国家对教育实行中央集权式的管控,主要表现在课程设置、学位授予、学术人员任命等方面。以法国为例,1789年的资产阶级革命爆发后,法国政府通过《公共教育组织法》关闭了22所大学。尤其是在拿破仑上台之后,建立起帝国大学制度,将理工学院改造成军事色彩浓厚的教育机构,并将研究机构改造得更符合国家发展需要,但学者行会自治传统未被完全清除,学术人员对其他学术事务具有一定权力,行政人员对内部事务进行管理。国家监督模式下,国家对大学的影响力较弱,只对大学进行监督以确保学术质量,学术人员和行政人员具有较大的权力。以英国为例,英国政府将自身定位为"守夜人"角色,主要采取立法、拨款、评估等手段影响大学,即主要通过大学拨款委员会对大学进行拨款,较少通过制定法律对大学施加影响,避免政府与高等教育机构之间产生冲突。

---

① 吴慧平.西方大学的共同治理[M].上海:上海教育出版社.

第三节　市场导向期

　　19世纪70年代，资本主义由自由竞争转入垄断时期，大学的发展更加全面地与社会需求相互结合，高等教育领域实现了由"象牙塔"向社会"服务站"的转变；同时，政府借助市场力量间接地影响大学，或者将市场竞争引入高等教育领域。20世纪之后，尤其是第二次世界大战以来，各国高等教育的走向更加受到社会、经济等因素影响，大学被视作一种产业并以市场经济的运作模式来办教育，形成高等教育的市场导向模式。20世纪60年代，高等教育大众化使得大学规模扩张，而政府能够提供的财政十分有限，高等教育转向收费制度。20世纪70年代以来，西方多国遭遇严重的经济危机，政府采取缩减教育经费措施，通过市场来调控大学的运作方法。

　　英国是高等教育治理变革的发源地，20世纪70年代以来的经济滞胀使得英国高等教育经费不断紧缩，政府通过"大市场，小国家"的理念来推行高等教育治理变革。政府依然秉持"支持而不控制"的原则，将公司化经营理念引入高等教育领域，开启了市场化改革之路，主要表现在：经费方面，实施削减政策和竞争性拨款方式；教师聘任方面，取消教师任期终身制，推动实现教师聘用的市场化；管理方面，采用公司化的管理理念，成立董事会经营学校，引入绩效指标和评估手段，重视高校管理效率。

　　法国高等教育市场化改革路线较为温和与渐进，政府通过分权寻求对高等教育责任分担的伙伴，从而提高国有资金的使用效率。国家解除对大学的强制管控，通过与学校签订计划合同和目标合同，建立行政契约关系。其市场理念主要表现在对经济发展的适应与回应，如课程设置体现工业界需求、开展校企合作等。

　　这一时期,除英国和法国外,美国、德国等其他国家的高等教育治理变革也都在一定程度上采取了市场化的运作理念,引入竞争机制、绩效拨款、中介评估、校企合作等方式。总体来说,高等教育资源在最大程度上得到利用。

第三章

高校共同治理的理论视域

第一节 共同治理的理论缘起：
从"单边"到"共同"

一、从管理到治理：治理概念的提出

管理是人类文明及社会性发展到一定阶段的产物。在古代汉语中，"管"是名词，一种细长但中间为空的物体，闭塞视为堵，通行视为疏，有堵有疏即为"管"；"理"作为动词有理顺、剖析之意，作为名词则有道理、规律之意。管理一词在古代最初是指掌管事务，表示掌管、管领、管摄、管治、经理的意思。在国外，管理则有广义和狭义之分，广义的管理是"Administration"，指的是应用科学手段安排、组织社会活动，使其有序进行。狭义的管理是"Management"，学界对狭义的管理有较多说法与界定：①决策说。赫伯特·西蒙（Herbert A. Simon）认为"管理就是制定决策"[①]。②指导说。"管理科学之父"弗雷德里克·泰罗（Frederick Winslow Taylor）认为"管理是确切地知道你要别人干什么，并使他用最好的方法去干。"[②]③工具说。彼得·德鲁克（Peter F. Drucker）认为：

[①] 赫伯特·西蒙·泰罗.管理决策新科学[M].北京：中国社会科学出版社，1982，37.
[②] 弗雷德里克·泰罗.科学管理历[M].北京：中国社会科学出版社，1980，157.

"管理是一种工作,它有自己的技巧、工具和方法①"。④活动过程说。亨利·法约尔(Henri Fayol)在《工业管理与一般管理》中明确指出,"管理是所有的人类组织都有的一种活动,这种活动由五项要素组成:计划、组织、指挥、协调和控制②"。斯蒂芬·P.罗宾斯(Stephen P. Robbins)认为管理是同别人一起,或通过别人使活动完成得更有效的过程。⑤知识文化说。彼得·德鲁克(Peter F. Drucker)认为管理是一种系统化且到处适用的知识,也是一种文化③。

治理一词源于拉丁语和希腊语"操舵",后引申为控制、指导或操纵,《牛津词典》对其的解释是政府行使权威并进行控制。我国《现代汉语词典》将其解释为调整改造、整治调理两种意思。全球治理委员会将治理定义为:各种公私机构管理共同事务方式的总和,是使不同利益冲突得以调和并采取联合行动的持续过程,既包括正式的制度与规则,也包括非正式的制度安排。该词主要用于国家层面的公共事务管理活动中,国内外政治、经济、管理学等社会科学领域将该词的运用发挥到顶峰,治理一词也被赋予了十分丰富的内涵。国外学者对治理的理解目前有:①管理范式说。库伊曼(Kooiman)认为治理是一种新的管理,涵盖政府及非政府组织的制度,是一套所有参与者都能参与的运作模式。②互动过程说。法国学者玛丽·克劳德·斯莫茨(Marie Claude Smoltz)认为治理不是规则、制度、活动,而是一种互动过程;韦勒认为治理是多中心协商的互动过程。③管理机制说。罗西瑙(James. N. Rosenau)认为治理是一系列活动领域里未得到正式授权的管理机制。④组织形态说。英国格里·斯托克(Gerry Stoker)教授认为治理是所有参与者形成的一个自主网络;罗伯特·罗茨(Robert Prosine)认为治理是强调信任、合作、互惠的自身网络组织。国内学者对治理的理解主要有:①新公共管理。毛

---

① 彼特·德鲁克.管理——任务、责任、实践[M].北京:中国社会科学出版社,2007,275.
② 亨利·法约尔.工业管理与一般管理[M].北京:团结出版社,1999,3.
③ 彼特·德鲁克.管理——任务、责任、实践[M].北京:华夏出版社,2007,275.

寿龙认为治理是政府对公共事务进行治理,介于统治和具体事务管理之间。②管理方式。俞可平认为治理是公私机构共同管理事务的一种方式①。③社会协调机制。张璋认为基于治理提出的自组织,为协调社会行动中的政府和市场进行了补充,借助制度化的谈判达成共识并促成多方合作②。④权力平衡机制。龚怡祖(2010)认为治理的实质是在多元化社会变化中重建力量平衡的一种重要的社会机制,包括建立价值平衡、利益平衡与权力平衡。

管理与治理的区别主要在于:管理更强调组织目标的达成,以决策、执行、控制和效率为导向;治理则更强调利益相关者权利平衡,注重参与、合作、协商、对话。在运作方式方面,管理为垂直的科层制管理,治理为多元主体互动与合作网络。治理概念的出现晚于管理,管理适用于规模较小的场景,而治理是伴随规模扩大后管理危机发生而出现的,是对管理危机的一种补救方式,更强调权力运用的艺术,更多的是关系调节和权力制衡,两者之间有着密不可分的联系。

二、从单边到多边治理:大学共同治理概念的提出

从大学管理到大学治理。大学治理是在大学科层制管理弊端频出的背景下产生的,优化大学组织架构有必要区分大学内部的管理与治理,学界对此进行了较多研究。李福华(2008)从概念和边界两个维度对大学管理与大学治理进行辨析。概念及内涵的区别主要表现在:①目标上,大学管理是为了达成组织既定的目标,而大学治理则是平衡各利益相关者权责利关系。②导向上,大学管理坚持效率优先原则,是效率导向型;大学治理则重视战略规划,是战略导向型。③主客体方面,大学管理主体是学校内部的管理者,客体是人、财、物、信息等资源;大学治理主

---

① 毛寿龙.西方政府的治道变革[M].北京:中国人民大学出版社,1998,7.
② 张璋.治理:公共行政的新理念[J].中国恩民大学学报资料中心:公共行政,2000(3):21-24.

体则是学校内外部利益相关者,治理客体是人及组织。④实施手段上,大学管理常用的手段是计划、组织、指挥、协调、控制,而大学治理则通过一系列制度与机制来达到治理、激励及约束等目的。⑤沟通方式上,大学管理是"自上而下"的单向沟通方式;治理不只是居高临下、自上而下的权力运行过程,其基础不是控制而是协调和共享管理;治理具有整体性和框架性,是组织之间及其成员相互依存的关系结构;治理是在公共目标支配下的强调效率的管理活动。大学治理则是"自上而下"和"自下而上"相结合的双向沟通。⑥政府发挥的作用方面,在大学管理中政府发挥较为重要的作用;而在大学治理中,政府通过制定法律法规发挥作用,但不干预大学具体管理过程。两者边界范围的区别主要表现有:一是时间上,大学治理活动晚于大学管理;二是学校规模上,管理职能在规模较小的学校中占据主导地位,治理职能在规模较大的学校占据主要地位;三是制度上,治理的基本前提是在学校所有权与管理权分离的背景下,多元利益相关者参与学校事务。

周光礼(2014)认为治理和管理在关注点和性质上有着本质的区别:**一是决策制定与决策执行的区别**。大学治理关注大学重大事项的决策过程,大学管理关注大学决策的执行过程。**二是政治性与技术性的本质区别**。大学治理的本质是政治性活动,因其主要探讨大学利益相关者之间权责利的划分及实现利益主体间的分权制衡的机制。大学管理的本质是一种技术性活动,它强调管理者为实现组织目标而采取的行动。校长与董事会共同参与制定大学战略规划,是两者在大学战略管理层面的交叉之处。

总体而言,大学治理与大学管理的区别主要表现在内涵、出现时间、应用场景、运行过程及运行方式上。大学治理比大学管理出现得更晚,应用场景适合更大规模的学校,侧重决策的做出,运行过程中注重平衡各方利益,以多方主体通过协商对话的方式达成合作与共赢。基于此,我们认为大学治理的本质是利益相关者参与大学重大事务决策的过程。

大学治理的本质。学者们对大学治理的内涵与本质进行较多探讨，较有代表性的有三种：一是大学治理的制度安排说，认为大学治理是一系列的制度安排。张维迎认为"大学治理的基本问题是用什么样的制度才能保证目标和理念的实现。大学的理念要通过教授的创造性劳动来实现，所以如何选拔和激励大学教授是大学治理要解决的首要问题"①。二是大学治理的结构与过程说，认为大学治理是利益相关者参与大学重大事务决策的结果与过程。盖尔（Gayle）认为，大学治理的实质是"大学内外利益相关者参与大学重大事务决策的结构和过程"②。周光礼（2005）认为，"大学治理就是大学内外利益相关者参与大学重大决策的结构和过程，其核心在于解决大学决策权力的分配问题"。三是大学治理的权力关系及配置说，认为大学治理是处理大学内外部各权力系统之间的关系、权力配置以达成某种程度上的力量平衡。张维迎（2003）认为，大学治理结构必须以社会价值为目标，平衡所有利益相关者的利益，不能以现有的教员或学生的利益为目标。龚怡祖（2010）认为，大学治理结构的实质是遵循大学内在逻辑、平衡大学运行中的各种力量，主要包括大学与政府、市场、社会的利益关系，学术与政治、经济、法律的价值关系，大学内部各种力量（特别是行政系统与学术系统）的权力关系，从而帮助大学适应现代社会复杂的环境、引导并推进大学治理发展水平的"超组织结构运行机制"。周光礼（2014）认为，高等教育治理的核心问题是处理系统、大学、基层三个层级的决策权力分配问题。

加强大学治理，特别是实现共同治理，是大学管理创新的关键（刘献君，2015）。治理包括治理结构和治理过程。治理本身即包含了共同治

① 张维迎. 大学的逻辑[M]. 北京：北京大学出版社，2012，1.

② Gayle, Dennis John, Tewarie, Bhecndradatt. Governance in the Ternty-first Century University: Approaches to Effective Leadership and Srtategic Management [M]. ERIC Digest. ED4825601.

理之意,之所以提出共同治理,意义在于特别强调治理的"共同性""民主性"。共同治理中的治理结构包括决策类型结构、人员结构和组织结构。高校在治理过程中要确立共同目标,实现共同参与、共同创造、共同决策,达到共同发展的目的。在大学共同治理的过程中,实现治理的共同性、民主性,提高决策效率,充分调动各方的积极性。

第二节 高校共同治理理论的 适切性及核心议题

一、治理理论在高校治理中的适切性探析

在理论基础及理论适切性的探讨中,主要有两类研究,一类是理论的应用研究。研究者多将理论作为研究的分析框架,主要理论涉及(后)新公共管理理论、产权及法人理论、委托代理理论、利益相关者理论、(共同)治理理论、协商民主理论、网络治理理论以及善治理论等。其中新公共管理理论、产权理论、委托代理理论、利益相关者理论等多用于研究高等教育统筹权、大学办学自主权、府学关系等大学外部治理问题,共同治理理论、协商共治理论、网络治理理论、善治理论等多用来分析行政权力、学术权力等主体参与学校治理等内部治理问题。另一类是对理论应用的评价。研究者主要对已有研究中分析大学治理运用的理论适切性进行评价,涉及大学理念理论、利益相关者理论、委托代理理论、管家理论、公司治理理论、新公共管理理论等。李福华(2007)认为,大学治理理念和治理结构建立在不同的理论基础上,对大学理念、利益相关者、委托代理以及管家理论应用于高校治理的适切性进行评价,认为在大学理念理论和利益相关者理论指导下的大学治理理念和结构值得肯定,而委托代理理论与管家理论之间形成对立,两者的取舍应根据当事人的心理状态

以及环境因素辩证分析后做出选择。刘恩允(2014)指出,委托代理理论、法人治理理论以及利益相关者理论对院系治理研究具有较高的适切性,它们分别体现了院系治理的研究前提与权力本质,院系治理的独立性质和合理地位以及权力的多元和制衡需求。

英国学者罗伯特·罗茨在《没有政府的治理》中对治理理论适用范围进行界定:①作为最小国家的治理;②作为新公共管理;③作为善治的治理;④作为公司治理模式的治理;⑤作为社会控制系统的治理;⑥作为自身网络组织的治理。总体而言,治理适用领域主要为公共事务的管理。

20世纪90年代中期以来,治理理论开始引入高等教育研究领域。吴慧平认为,治理理论被引入高等教育领域主要有理论和实践两方面的原因。理论层面:一是由于主流理论呈现简单的两极分化现象,将治理主体简单地理解为相互对抗关系,不能很好地指导实践。二是由于高等教育领域正经历理论缺乏的困境,已有理论范式无法解释高等教育领域的问题。实践方面:一是全球范围内的高等教育危机开始出现,各国为保持高等教育的竞争力,纷纷开始调整甚至变革高校结构;二是高等教育中出现新的力量主体——中介组织,高校行为主体呈现多元化;三是高等教育在经历官僚模式、专业模式和市场模式后协调机制失灵,共同治理作为一种新的协调机制对政府、学术、市场等力量进行整合;四是治理理论的推行是教育民主化的必然结果;五是治理理论是政府削减公共开支、提高管理效益的一种方式。

二、高校共同治理的核心议题

大学作为一个非营利性组织,是一个典型的利益相关者组织(张维迎,2003)。罗索夫斯基(Rokossovsky,1996)根据与大学之间的重要性将大学各群体划分为最重要群体、重要群体、部分拥有者群体以及次要群体四个层次。其中教师、行政主管、学生是最重要群体,董事、校友、捐赠者是重要群体,政府、提供贷款的银行家、规章制度调节者以及评审委员会是部分拥有者群体,市民、社区、媒体是次要群体。

国内对大学治理也开展了较多研究,从研究层次上可分为:宏观、中观及微观三个层次。宏观层次的研究是高等教育治理,从国家层面探讨高等教育治理体系构建、高等教育治理现代化、高等教育治理能力提升以及现代大学制度建设。学者们讨论这些主题多从"放管服"改革、"管办评"分离以及省级政府对高等教育的统筹权切入。可参见《实现三大转变,推进中国大学治理现代化》(周光礼,2015)、《中国高等教育现代化与体系建设》(叶国文,2017)、《论高等教育内涵式发展》(别敦荣,2018)、《加快教育"放管服"改革推进大学内部治理体系和治理能力现代化》(钟晓敏,2018)等。中观层次的研究是大学治理,包括外部治理与内部治理。外部治理主要讨论高校与政府的关系问题,以大学办学自主权为切入点。可参见《大学外部治理的逻辑转换与运行机制》(张东、苏步,2017);内部治理主要围绕学校层面的政治权力、行政权力、学术权力与民主权利之间的关系展开。可参见《我国高校权力主体关系的嬗变与重构》(郑政捷、陈兴明、郑文力,2018)。微观层次的研究是学院治理,也涵盖外部治理与内部治理。外部治理探讨学校与学院的关系,即学院办学自主权的问题,学者多从"院为实体"改革、"权责清单"制度进行分析。可参见《协同治理 协议授权——探索校院二级管理改革新路径》(杨颉,2017)、《院系治理改革的路径选择及其系统化策略》(陈廷柱,2017)。内部治理主要分析学院内部行政权力与学术权力的关系及学术治理,学者多以党政联席会议、学术委员会等机制为切入点,寻找学院内部行政权力与学术权力的平衡点,同时最大限度地保障教授治学与学术自由。可参见《论现代大学学术制度的特征》(李福华,2016)、《治理视角下大学基层学术组织的重构》(魏小琳,2016)等。

大学治理研究层次与范畴详见表3-1。

表 3-1 大学治理研究层次与范畴

研究层次	研究内容
高等教育治理	国家层面探讨高等教育治理体系的构建、高等教育治理现代化、高等教育治理能力提升以及现代大学制度建设
高校治理	外部治理:高校与政府的关系问题,以大学办学自主权为切入点
	内部治理:学校层面的政治权力、行政权力、学术权力与民主权利之间的关系展开
院系治理	外部治理:学校与学院关系,即学院办学自主权问题,学者多从"院为实体"改革、"权责清单"制度进行分析
	内部治理:学院内部行政权力与学术权力关系及学术治理,学者多以党政联席会议、学术委员会等机制为切入点

(一) 高等教育治理研究

1. 现代大学制度研究

学界对现代大学制度进行了丰富的讨论与研究。刘密丹(2011)认为,现代大学制度是对大学与政府及社会关系的治理模式、制度规范以及行为准则的反映,是大学在政府宏观调控下,为顺应现代社会发展要求,面向社会依法自主办学、实施民主管理、全面落实大学作为法人实体与办学主体所应具有的权利与责任相统一的管理制度。学者对现代大学制度的研究层次包括:一是狭义层次上,从学校层面研究组织内部制度设计;二是广义层次上,从国家层面探索现代大学制度建设,包括但不限于大学与政府、大学与社会的关系等。大学制度的内涵与外延均十分丰富,很多学者也做了深入的研究和探索。

2. 高等教育治理体系与治理现代化研究

瞿振元于 2014 年发表在《中国高教研究》上的《建设中国特色高等教育治理体系推进治理能力现代化》一文,拉开了我国高等教育领域治理体系与治理现代化研究的序幕。近几年学界对高等教育体系与治理现代化的研究主要有:一是定义与内涵研究。阎光才(2014)认为,高等

· **024** ·

教育治理现代化并不绝对排斥传统的行政管理手段,但相对而言,更为强调引入市场机制以及民间自发的非功利性的志愿者参与机制。通俗而言,即强调由政府主导转向政府、高校以及社会众多利益。二是问题及对策研究。周光礼(2014)指出,高等教育治理现代化必须回答政校分开、社会问责、举办体制、法人治理结构、大学董事会、大学校长遴选机制、学术权力、大学内部组织构架、基层学术组织自治和大学章程建设十个问题。潘懋元(2016)提出,在治理现代化中大学校长专职做治理是否合适,对于大学校长如何应对章程与红头文件之间的矛盾问题值得思考。三是关系研究。别敦荣(2015)对高等教育治理体系、治理能力、治理现代化的关系进行研究,认为治理体系和治理能力现代化是高等教育现代化的基础工程,治理体系现代化既是高等教育体制改革的核心任务,又能为高等教育现代化提供更充分的物质基础;治理能力现代化能够引导高等教育现代化的方向,支持高等教育持续健康发展。四是高等教育治理现代化视角下的高校具体问题研究。宣勇(2016)研究了大学校长遴选应该通过大学遴选协商机制赋予提名权,通过立法建立"两段式"遴选机制,培育第三方参与校长遴选,实现管办评分离。龙献忠(2016)研究了治理现代化背景下的高等教育质量评估体系构建。

(二) 大学治理研究

1. 大学治理问题研究

学界对大学治理存在的问题进行了丰富的研究与探讨,主要表现为大学内外部关系的问题。一是学校与外部的关系,如政府与高校的关系,政府对高校管控过多,高校办学自主权不够;大学与社会的关系,社会在高校治理中发挥作用不够。二是学校内部"校-院-系"三级管理架构间的权力关系,权力集中在顶层,基层组织办学自主权不够。学校、院、系权责不对等,院系权力小责任大,纵向信息传递渠道不够畅通导致信息传递过程受阻,等级秩序和层次观念浓厚(湛中乐,2011)。周光礼

(2014)指出,公办高校权力集中在学校高层,基层学术组织缺乏办学自主权。目前尚存在的问题是校院权责不对等问题。三是学校内部党委、行政、学术三大主要权力间的关系。四是其他权力主体与主要权力主体的关系,学生、校友、捐赠者等其他利益相关者参与渠道与机制缺失。在具体事务决策和执行过程中也存在诸多问题。针对存在的主要问题,也有学者探索了解决思路。在政府与大学之间的权力分配方面,政府应尊重学校办学自主权,把一部分专业性强且政府又无法行使的国家教育行政权力通过授权或委托的方式授予大学,同时对其保留监督的权力。"校-院-系"三级的关系方面,则应将权力重心下移,把学科与课程设置及调整权、教师聘用权、科研项目管理权等权力下放至院系,使院系拥有一定的自主权(周光礼,2005)。

2. 大学自治与大学办学自主权研究

大学自治概念源于西方,大学自治的逻辑是学术自治,它是西方流传至今的学术价值观,但达到何种程度的自治,国外学者也展开了比较多的讨论。美国卡内基高等教育委员会将大学自治权力范围界定为特殊目的事项的资金制定,费用支出仅接受审计监督,决定人员配置、工作量以及薪资晋升,选择教职工与学生,制定学位授予、课程设置以及发展规划等学术政策,制定学术自由、科研和服务活动的政策等[1]。英国教育家埃里克·阿什比(Eric Assby)将大学自治范围界定为:在学校管理中抵制非学术干预,学校自主分配经费,聘用教职员并决定其工作条件,招生自主,课程设置,决定考试标准及方式[2]。

在我国,大学办学自主权的逻辑依据主要有:一是社会改革发展以及高校自身发展的客观要求;二是学校内部的特征及客观规律的要求(林正范,1994)。国内学者对大学办学自主权的范围也进行了界定,宣

---

[1] 别敦荣.我国高校自主办学与西方的大学自治[J].高等教育研究,1995(5):27.
[2] 周志宏.学术自由和大学法[M].台北:蔚理法律出版社,1989,121.

勇(2010)将大学权力分为根本权、基本权、衍生权以及让渡权四种权力。大学的根本权力是学术权力,大学办学自主权应从包括校长遴选、教师聘任等在内的基本权力着手。林正范等人(1994)认为,高校办学自主权包括自主决策权、自主执行权、自主监督权等,其关键与核心在于自主决策。在功能方面,主要表现为改革权与发展权;内容方面包括教育权、科研权、校办产业权及后勤服务权,其中教育及科研自主权是重点。周光礼(2002)指出,现代大学建设的关键是在大学自主和政府干预两极之间寻求平衡,学术自主权是大学自主权的核心。

关于如何实现大学办学自主权的研究,熊庆年(2004)认为,落实大学办学自主权单纯靠学校内部学术状态改善是不现实的,应该推进我国政治文明建设。宣勇(2010)认为,一是要实现政府与大学权力边界的契约化,二是要保留政府对大学校长资格的终审权,三是要健全大学自主招生中的权力约束体系,四是要健全大学自主理财的权力约束体系。周光礼(2012)指出,大学要实现办学自主权,首先,应该抓住制度变迁的"历史否决点",实现制度创新;其次,应该超越科层式和市场式治理体制,构建高等教育网络式治理模式;最后,应该转换认知方式,推动大学内部治理变革。

3. 大学内部治理权力要素及结构研究

一是权力内涵及边界研究。周光礼(2005)从权力来源区分行政权力和学术权力的区别,行政权力来自大学与政府之间的分权以及大学作为科层组织自身的行政权力,学术权力源于学者自身专业,由学者个人享有的学术自由、研究自由、教学自由以及学习自由的权力和大学自治行政权力。高赟(2007)从政治权力、行政权力、学术权力各自的来源及发挥作用的手段两个方面对各权力进行界定和区分。

二是权力类型研究。学界对大学内部权力划分尚未形成统一说法,故出现了二分法、三分法、四分法以及五分法。①二分法。该方法将大学内部权力划分为行政权力和学术权力,较多地运用于分析国外高校内部权力,在我国支持这种划分方法的学者多数将政治权力并入行政权力之中。湛中乐(2018)指出,我国高校内部的政治系统和行政系统之间存在高度同构性,"校长/行政部门"与"党委/政治组织"很难将两者区分开来,行政权力中往往包含政治要素。②三分法。该方法将大学内部权力分为政治权力、行政权力、学术权力。如孙天华(2003)等。该划分方法主要是学者基于我国国情以及高校实行党委领导下的校长负责制的领导体制提出的,政治权力通过党委及党组织的宣传、舆论等方式实现对学校的政治领导;行政权力通过强制性手段保证政策、教育教学、科学研究的执行与开展;学术权力凭借专业背景及学术能力管理学术事务、评价学术水平等①。基于这种划分方法,有学者提出行政权力对学术权力的制约,归根结底是政治权力对行政权力和学术权力的领导导致。③四分法。该方法将大学内部权力分为政治权力、行政权力、学术权力以及民主管理权力,其中,民主管理权力也称为参与式治理权力。如董泽芳(2012)等。秦惠民(2009)教授认为,这四种权力是我国现行法律明示或暗示的权力,四种权力应在和谐关系中协同治理。④多分法。刘恩允(2013)认为,学校内部权力主要分为政治权力、行政权力、学术权力、市场权力和象征权力五种。此外,还有学者从利益相关者视角,打破传统权力架构模型,将学生权力、社会权力(周光礼,2005;王建凯,2011)、市场权力(黄英杰、田蜀华,2011)等要素引入治理结构中,形成更为复杂的权力结构。

三是权力结构问题的研究。权力结构问题的关键是权力配置失衡,主要表现为:①党委权力处于核心地位,主导其他权力。赵峰(2011)指出,真正对学术权力产生关键影响的是政治权力,它主导了行政权力和学术权力②。张继龙(2017)认为,高校内部权力是一种党委领导居于核

---

① 高赟,王晓丽.大学政治权力、行政权力、学术权力的关系及协调[J].甘肃政法成人教育学院学报,2007(1):72.

② 赵峰.论高校政治权力与"去行政化"[J].西北师大学报(社会科学版),2011(2):87.

心地位、行政领导处于外围、普通教师处于边缘的圈层结构。②行政权力代替学术权力,学术权力被弱化。谭晓玉(2015)指出,我国大学内部治理结构以行政权力主导,学术力量缺少与行政力量抵抗的权力与资本,行政管理及决策基本代替学术管理及决策。孙天华(2004)认为,学术权力在政治、行政、学术三元权力结构中处于弱势,采用摩擦系数来分析政治与行政"双子权力系统"。③学生权力、民主权利等其他权力在治理结构中缺位。董泽芳(2012)认为,我国大学内部存在学生、教工民主参与途径不畅等问题。

四是权力类型与事务领域对应研究。学者通过细分和粗分两种方法对学校事务进行分类,涌现了较为丰富的类型,但目前学界尚未给出一个标准的划分方法,国内外比较典型的划分方法主要有三种:①二分法。威廉·布朗(William Brown)把大学管理决策分为两大类:一类包括资源分配、新学科建设、教员编制、院长任命等在内的行政管理;另一类包括课程设置、学位设置、业绩考核、教员聘用等在内的学术事务。②六分法。迪特里希·戈尔德施米特(Eric Assby,1978)将大学权力分为六种类型:总体规划与决策权、预算与财政权、招生权、课程与考试权、教师聘任权、研究决策权。③八分法。经济合作与发展组织(OECD,2003)将大学权力分为八种:房屋与设备资产权、借贷权、财务预算权、学科和课程设置权、雇佣和解聘学术成员权、确定工资标准权、招生权、学费水平决定权。还有其他学者在研究大学治理客体时,主要从学科专业建设、教学科研日常运作、经费筹措和使用、队伍建设和规划、学生培养和日常管理五大事务切入(王战军、肖红缨,2016)。

已有研究梳理了学术事务、行政事务、学术行政交叉事务以及其他事务的范围与内涵,但尚未对院系重大事务进行界定。上述专家学者的观点,有些客观地描述了中国高校治理存在的问题,但是有些问题也有放大之嫌。我们既要直视问题,还要充分关注社会主义国家的制度优势。习近平总书记在全国教育大会提出的"坚持党对教育事业的全面领导"和在全国高校思想政治工作会议上强调的"高校党委对学校工作实行全面领导，承担管党治党、办学治校主体责任，把方向、管大局、作决策、保落实"。

本书通过梳理院系各项具体事务，同时采用内容分析法对治理结构研究中决策事务出现频次进行统计，并将提取出的事项（学科规划与发展、招生计划与标准、课程与教学设置、科研规划与申报、教师聘任与晋升、学术组织设置与成员资格、行政领导遴选、院系发展规划、经费筹措与预算、基建与后勤、规章制度的制定）通过问卷进行重要性打分，梳理出学科规划与发展、教师聘任与晋升、行政领导遴选、经费筹措与预算、学术组织设置与成员资格等院系重大事项。

4. 利益相关者参与治理研究

1）利益相关者分类研究

国内外学者依据不同标准对利益相关者进行分类，主要有一维标准划分法、二维标准划分法和三维标准划分法。

在一维标准划分法中，弗雷德里克（Frederik，1988）根据是否与企业发生交易关系将企业的利益相关者分为直接利益相关者与间接利益相关者。克拉克森（Clarkson，1994）依据承担企业经营的不同风险类型，将利益相关者分为自愿与非自愿利益相关者。罗索夫斯基（Rossovsky，1996）根据各主体与大学之间的重要性程度将大学各群体划分为最重要群体、重要群体、部分拥有者群体以及次要群体四个层次。万建华（1998）根据各主体与企业签订合同的正式性，将利益相关者分为一级、二级利益相关者。吴玲（2006）从资源观角度将利益相关者分为关键、重要、一般、边缘利益相关者四类。李福华（2007）依据利益相关者与大学的密切程度将其分为四类：一是包括教师、学生和管理人员等在内的核心利益相关者；二是包括校友和财政拨款者在内的重要利益相关者；三是将贷款提供者、科研项目提供者等与学校有契约关系的当事人视为间接利益相关者；四是包括当地社区和社会公众等在内的边缘利益相关者①。潘海生(2007)依据权力流所处层级将利益相关者分为上位利益相关者(政府和社会)、中位利益相关者(行政人员领导)和下位利益相关者(教师和学生)。

在二维标准划分法中,潘海生(2007)将利益相关者分为核心利益相关者(行政人员)、关键利益相关者(政府、大学教师)、紧密利益相关者(企业、学生)和一般利益相关者(学生家长),主要依据利益相关者与大学利益相关程度以及他们参与治理的意愿和能力,结合非均衡分散分布的原则,在各利益相关者内部配置剩余控制权。高伟、张焱等(2009)依据影响力和重要性两个指标,将利益相关者分为四种类型:一是包括学校行政管理人员、教职工、学生等在内的影响力强、重要性高型;二是包括家长、社区、潜在或预期用人单位在内的影响力低、重要性高型;三是包括校友、社会公众等影响力低、重要性低型;四是包括政府、科研经费提供者、产学研合作者、贷款提供者等在内的影响力高、重要性低型②。

在三维标准划分中,弗里曼(Freeman,1984)依据所有权、经济依赖性以及社会利益三个维度将企业利益相关者分为:①所有权利益相关者,持有公司股票者;②对公司经济有依赖性的利益相关者,包括经理、员工、债权人、供应商、消费者、竞争者、地方社区等;③与公司有社会利益关系的利益相关者,包括政府、媒体等。米切尔(Mitchell,1997)归纳了利益相关者三个典型特征:影响力、合法性、紧迫性,并将这三个特征作为划分维度,将利益相关者分为确定利益相关者、预期型利益相关者和潜在利益相关者。陈宏辉(2003)从主动性、重要性以及紧急性三个方面将利益相关者分为核心利益相关者、蛰伏利益相关者以及边缘利益相关者。

胡赤弟(2010)指出,当前研究者通过不同的研究方法都基本得出类

---

① 李福华.利益相关者理论与大学管理体制创新[J].教育研究,2007(07):36-39.

② 高伟,张焱,聂锐.基于价值链接的高校利益相关者网络结构分析[J].现代大学教育,2009(02):94—100.

似的分类结果,采用经验判断方法容易受主观因素影响,需要进行定量分析,由于群体属性会发生变化,对于高等教育利益相关者的分类研究更应该动态地、定量化地进行分类。他认为层次分析法(AHP)通过权重排序对利益相关者分类,是一种定量与定性相结合的有效方法。目前对利益相关者理论的应用主要有大学制度研究、高校内部管理和外部协调三个领域。已有研究更多的是将利益相关者理论作为一种分析框架,尚未形成系统化的理论创新,利益相关者的研究尚局限于企业利益相关者概念、分类等,对理论发展的整体把握还不够。

2)教师参与治理研究

一是教师参与学校治理的现状及问题研究。这一领域的研究目前主要围绕两个方面展开:教师参与治理不足问题及其原因研究,以及教师过度参与治理存在的问题。**教师参与治理不足问题及其原因研究。**各治理主体对教师参与治理存在误区(高永新,2016);内部权力失衡,党委权力及行政权力的强势,使教师权力相对削弱,不利于其参与大学治理(高永新,2016);教师参与治理的制度供给不足(杨薇,2014;王绽蕊,2016);教师参与治理主动性和意愿不高(宁芳,2016);教师参与治理能力不足(饶亚娟,2010;宁芳,2016);教师参与治理的氛围与信息获取渠道存在缺陷(饶亚娟,2010;陈美如,2017);治理过程不够透明(陈美如,2017)等。**教师过度参与治理存在的问题。**陈星平(2011)指出,教师过度参与治理背离了大学的核心价值,会使大学治理过程变成一个利益争夺的名利场;在治理过程中,把教师参与放在大学决策层面,超出了教师能力;治理结果方面,教师完全参与的共同治理模式损害了大学决策效率。陈星平认为应该基于教师利益和能力两个维度来重新定位教师参与治理的价值、目标、领域、层次、方式和机制,主张程序参与和代议制参与。

二是教师参与意愿及动机研究。朱家德(2017)通过对 A 大学分房政策、职称政策、章程制定以及津贴政策四项政策的出台过程进行单案例研究,发现教师参与高校治理的动机主要是出于维护自身利益,实际参与率较低,参与治理的方式也不够合理。造成该现象的原因包括教师的学科逻辑、治理制度的设计缺陷以及教师参与能力有限。提出从增强教师对高校认同感、保障教师参与治理的制度供给以及提升教师参与治理能力三方面完善教师参与治理。郭娇(2018)基于量化调查与质性访谈的方法,对教师参与治理意愿及行为进行分析,发现在科研项目申报与教学内容及形式的选择上,教师参与治理的意愿和行为都很高,意愿高、参与低的差异主要出现在与教师切身利益相关的收入待遇上,参与意愿低的事务大多与院校发展有关。学术职位与行政职务的教师在决策过程中扮演更重要的角色,普通教师参与核心事务决策的制度与渠道尚不健全。

三是教师参与治理的渠道与方式研究。 郭卉(2012)认为,分权不能有效解决教师和行政人员之间天然存在的文化冲突,可在协商民主理论指导下,尝试建立决策性协商(教代会、学术委员会)、互动性协商(会议互访)、咨询性协商(任务小组)和开放式协商机制(校务公开论坛)来增进教师参与大学决策。叶文明(2017)将教师代议参与治理渠道分为"有组织—有制度""有组织—无制度""无组织—有制度""无组织—无制度"四种类型。

四是教师参与治理的事务领域研究。 谭晓玉(2015)指出,权力配置失衡是我国大学内部治理中最突出的问题。叶文明(2017)认为,教师参与高校治理的形式有决策性参与和监督性参与,参与的内容分为学术事务、学术行政交叉事务、行政事务三类。认为学术性事务应决策性参与,由教师独立决策,交叉事务也应决策性参与,由教师和行政系统共同决策。行政事务应监督性参与,教师应发挥监督作用。贺金婷(2016)用协商民主理论来阐释教师参与内部治理问题,指出教师应该协商式参与大学内部治理,民主、平等、正义是参与治理的宗旨,参与治理的主要内容为学术研究与评审、学科建设与规划、专业配置、教学方案拟订与修改。

五是教师参与治理的应然状态及变革研究。阎光才（2017）指出利益相关者共同分享权力尚存在诸多困惑，①非均质性的教师群体是否具有同等参与的资格与权力？②不同事项及事务参与程度如何？③教师以何种方式参与治理，参与范畴如何，何种形式可算作参与治理？④基层教师参与治理的层次问题。教师参与治理更多涉及决策过程而不是具体事务的管理过程，体现为决策过程中不同主体介入或互动方式及其机制，而管理则是严格遵循既有规章与程序来执行政策。教师参与治理不意味着教师能够主导决策过程，也不是凡事人人参与并享有平等权利。从治理效果来看，教师参与治理只是流于形式，但是却不能没有。广义上的参与治理更具有现实性和可行性。

3）学生参与治理研究

一是学生参与治理的合法性依据研究。学者对学生参与学校治理的原因进行梳理，主要有：①制度层面的规定。《普通高等学校学生管理规定》第四十一条中规定："学校应当建立和完善学生参与民主管理的组织形式，支持和保障学生依法参与学校民主管理。"《中华人民共和国高等教育法》第十一条也对高校实行民主管理做出明确规定。②大学内部权力构造。王建凯将高校视作由行政权力、学术权力及学生权力构成三角权力系统，学生是大学治理的重要参与者。③大学实现善治的积极要素。学生参与能为学校进行有效决策及管理提供重要信息，同时也能够使其了解学校决策及管理背后的价值选择与目标指向，是大学组织存续输入不可或缺的主体性资源（董向宇，2015）。提升学生组织在高校治理结构和治理层级中的地位有利于推进大学内部治理结构科学化和民主化（王怀勇，杨洋，2015）。④大学组织特性的历史逻辑。学生参与学校治理有其历史根源，大学自成立之初，学生就天然掌握管理学校的权力，波隆纳大学学生管理大学是学生参与治理权力最大的时期，这为学生在大学中的地位奠定了历史基础（唐娥，傅根生，2012）。⑤利益相关者、共同治理等理论支持。主张将学生吸纳进大学内部治理结构中参与治理。

二是学生参与治理的国际案例研究。分享治理或共同治理是美国大学治理的重要特征。大学校长等高级管理人员、教职员、学生等都参与大学重要事务决策。大学分享治理主要通过两种途径实现：①董事会中包括不同群体的董事；②在大学内部设置各种机构合理划分权责（焦笑南，2005）。因而，美国学生参与大学治理有两种模式：①完全由学生组成的正式组织参与大学治理；②学生代表在学校管理机构中参与治理（马培培，2016）①。

三是学生参与治理的现状与问题研究。学生目前参与学校治理是一种有限的参与，影响学生参与的因素主要有：①学生参与治理观念及意愿薄弱。吴运来（2012）对学生的调查问卷显示，学生中"以学为主"的思想占主流地位，认为没有必要思考对校务的管理权。②制度安排缺少学生参与渠道。王华伟（2014）指出，学生作为核心利益相关者十分缺乏利益诉求的表达机制。③学生自身管理能力及经验缺乏。有学者提出学生参与应该是有限的参与，亨利·罗索夫斯基（Henry Rosovsky）质疑学校民主管理事务的合宜性并认为"在大学，只有有知识的人才有资格拥有较大的发言权"，任何主体应根据其对学校承担义务的时间而享有相应的权力。④学生权力的运行过程异化。以学生组织、学生会、学代会等为载体的参与渠道发生异化，学生组织成为学校行政的辅助部门，学代会成为一种可有可无的形式，学生权力载体偏离学生参与治理的本质（孙芳，2011；陈大兴，张媛媛，2012）。⑤行政权力泛化。底层行政管理部门众多且官本位倾向严重，行政权力十分容易干涉其他事务（王华伟，2014），学生事务更是如此。⑥学生参与治理动机功利化。段俊霞和蒋青（2015）的调查发现，学生参与治理的动机中，占据第一位的是"可以在学期末得到量化加分"，从而在一系列评奖评优活动中具有一定的优势。使自己能力得到锻炼，"使学生的声音得到表达"位居后列。

---

① 马培培.论美国大学治理中的学生参与[J].高等教育研究，2016（2）：104.

四是学生参与的事务领域及参与程度研究。唐娥等(2012)将学校事务分为学生事务、课程教学、人事、管理、战略五个方面,将学生参与的类型分为决策参与、监督参与以及评议参与三个层级。指出学生在学生事务层及课程教学层的培养方案、课程设计安排以及专业选择调整事务中应决策参与,课程教学层中的教学管理、教学质量监控和人事层的教师教学过程及质量以及教师选拔应监督参与,在人事层的管理服务人员评价、管理事务层及战略层应评议参与。

五是学生参与治理的路径研究。傅根生(2012)指出,学生参与治理应遵循独立性和客观性,既要克服制度和理念的路径依赖,又要结合我国实际。因此其路径应分为两个阶段:第一阶段是合法性,以章程修订为切入点;第二阶段是操作性,在实际运行中实现结构演变。刘江、孙林等(2012)指出,学生参与治理的路径应该是先拓宽学生参与管理的内容及途径,再通过法律和制度建设确定学生参与的权利,最后支持学生组织自治,充分发挥学生组织的作用。

4) 社会参与治理研究

国内对社会参与大学治理的研究罕见,仅有十几篇,主要围绕社会参与的原因、现状及参与路径三个方面展开。

社会参与高校治理的背景及原因研究。①高等教育发展改革新形势的要求。刘承波(2008)提出中国高等教育已从精英化阶段发展到大众化阶段,社会因素已然成为高校治理的一部分;同时,政府对高等教育的支持力度加大以及高水平大学的建设,使得高校承载了更多的社会期望与责任;我国高等教育管理体制、投资体制及毕业生就业体制发生根本变化,这些都要求社会应参与高校治理。②社会参与高校治理具有重要意义。朱涵(2012)认为社会参与高校治理一是能够弥补"政府失灵"的不足,抑制高校"行政化"倾向;二是可以克服高校运行中过度"自治化"倾向;三是社会参与畅通了"信息传导机制",有助消除高校过度"封闭化"的弊端。

社会参与高校治理的现状及问题研究。当前,我国高校治理社会参与呈现出:①社会参与的意识及意愿淡薄。王建华指出,社会力量缺乏前瞻性认识,主动性和自觉性较低。②社会参与权利弱化。管理体制改革重点依旧是"中央—地方—学校"的纵向关系调整,对"政府—社会—学校"的协调尚未有进展,政府一直是高校的实际拥有者,社会力量处于绝对弱势地位。③社会参与体系不完备。我国尚未成立成熟的评估、监督、拨款以及决策咨询的中介机构,机制职能未充分发挥。④社会参与力度不够。主要表现为社会参与渠道单一、参与面不广,且参与深度不够。⑤正式的制度化参与渠道有限。社会参与主要以产学研合作以及邀请校外专家进行项目论证为主,校董会等机构未真正发挥作用(丁月牙,2014)。导致上述问题的原因,王建华等认为主要有经济条件限制、参与制度缺失以及传统观念制约。

社会参与大学治理的实现路径研究。刘承波(2008)指出,一是政府层面应转变职能,改变角色定位;二是要吸收社会力量参与政府决策及管理;三是要大力发展和完善教育中介组织,使其发挥中介协调作用;四是加强与行业、企业合作,探索社会力量参与高校决策与管理的新形式。王建华等(2011)认为,首先,应该转变观念,强化社会参与意识;其次,政府应该适当介入与扶持;再次,应该建立健全社会参与的运行机制;最后,应充分发挥现代技术手段的作用。

5. 治理结构及模式研究

1) 董事会制度研究

国内外高校董事会研究。一是对董事会组成及特点的介绍。焦笑南(2005)指出美国、英国以及澳大利亚三个国家大学治理结构都是由三大体系组成,①以董事会为核心的治理体系,同时是大学的最高决策机构,包括不同的利益相关者;②以校长为核心的行政管理体系;③以学术委员会为核心的学术管理体系。他提出要改变政府管理大学的方式,由直接管理向间接调控转变,引入利益相关者参与大学治理,建立大学内部权责划分和制约机制,通过法律法规指导高校建立和逐步完善大学治理结构。董事会是美国高校内部领导机构,其特点主要有:历史悠久,法律地位明确;职责重要,权力较大(车海云,2001);成员构成多样化,任期具有弹性;内部结构清晰,运行机制稳定;与校长分工明确,协作关系良好;不断进行发展和改革(潘燕,2004)。车海云比较了中美董事会的特点,美国实行董事会管理体制,美国高校董事会分为私立董事会和公立董事会,两者的区别在于私立高校董事会负责筹集学校经费。两者在选举程序以及当选董事上也有区别。我国高校董事会也有私立和公立之分,私立高校实行董事会领导下的校长负责制,但公立高校实行党委领导下的校长负责制。柯文进,姜金秋(2015)比较了美国、英国、日本公办高校董事会制度的功能定位与运作模式等特点。除此之外,还有很多探讨西方国家高校董事会制度(付姣,2006;辛艳慧,2007;李红桃,2008;许金龙,徐晓娜,2008;王绽蕊,2010)的文章,如王绽蕊的《美国高校董事会制度:结构、功能与效率研究》(王绽蕊,顾明远,2010)等。

二是对董事会的模式和功能的梳理。车海云(2001)将董事会模式划分为半决策型、监督指导型以及行业对口型三种。张佑祥(2001)将我国高校董事会划分为领导决策型、准领导决策型、指导咨询型、二级学院董事会四种模式。姜良杰(2004)认为我国高校董事会主要有决策型、咨询型和指导型三种模式。高校董事会的作用主要有:促进产学研、高校和社会连接纽带、咨询和指导、信息交流作用以及中介扶持作用(张佑祥,2001;姜良杰,2004)。

三是对董事会运行中存在的问题分析。张佑祥(2001)认为存在的问题有:①组织形式各异,缺乏有效的管理;②董事会成员双向参与不够;③内部组织协调不够。此外,施永福(2009)指出,我国公立高校董事会在整体上还存在着行政化的教育管理体制、结构功能异化、立法规制滞后等问题。整体而言,学界认为董事会的问题主要集中在运行机制及基金管理方面。董事会成员职责不明确,机构不完善以及机制不健全,工作有较大的随意性和盲目性。

我国董事会制度建设研究。车海云(2001)认为,我国高校董事会制度建设应该明确董事会定位,加强立法,并消除对董事会功能认识误区。张佑祥(2001)认为,首先,应该转变观念,推进双向参与;其次,应该健全体制,理顺关系,建立具有我国特色的董事会制度;最后,应该加强规章制度建设,规范董事会的管理。潘燕(2004)指出,我国高校董事会建设应在政府充分赋予高校办学自主权的背景下,实行董事会领导下的职业校长负责制,并以法律形式明确其地位。

2) 党委领导下的校长负责制研究

对党委领导下的校长负责制的相关研究,本质上是对高校领导体制的探讨。主要研究主题有:**一是高校领导体制的国际比较研究,**如郎益夫(2002)梳理了美国、德国、英国、法国、日本等国高校治理结构,指出我国高校应摆脱政府附属地位,引入与市场经济相适应的治理机制,适应国际市场竞争。美国实行在董事会领导下的校长负责制,日本实行由政府任命的校长负责制,英国、法国、德国实行校内各利益相关者权力机构领导下的校长负责制。

二是我国实行党委领导下的校长负责制的意义及内涵研究,如李延保(2008)指出,党委领导下的校长负责制是我国高等教育基于国家背景做出的一种选择,起着加强党的领导和保障的作用,是一种加强对绝对权力的监督、约束和制衡的有效举措,同时能够发挥特别有效的管理作用。顾海良(2010)研究了党委领导下的校长负责制的重大意义及内涵。他指出,完善大学治理结构,建设现代大学制度的前提是坚持和加强党委领导下的校长负责制,其内涵表现为:党委领导是核心,校长负责是关键,教授治学是关键。李胜利(2011)对党委领导和校长负责二者的概念及职能进行界定,并对两者的协调工作展开讨论。

三是完善党委领导下的校长负责制研究。完善党委领导下的校长负责制的核心就是将这一体制与依法治校"并轨共进",切实解决"党委领导"

和"校长负责"的关系，确保学校各项工作的顺利开展（史华楠，王日春，2004）。陈德文（2002），李卫红（2004），李明泉（2005），赵永贤（2011），张德祥、方水凤（2017）等均对党委领导下的校长负责制展开研究。

3）学术委员会制度研究

一是学术委员会的性质及定位。别敦荣（2014）指出，我国大学学术委员会不具有欧美大学学术委员会的自发性，而是在法律规定下成立起来的民主参与管理组织机构，没有融入大学领导管理体制，具有促发性。

二是学术委员会的职能。基于机制的促发性，其职能由外部权力组织赋予，职能受到国家法律文件的规定，国家法律文件规定学术委员会的职能范围是学科建设、学术评价和学术发展，行使审议、评定、咨询权，其发挥作用的程度取决于大学内部领导管理体制改革的推进状况（别敦荣，2014）。

三是学术委员会运行存在的问题。毕宪顺、甘金球（2008）通过梳理文献，归纳出我国高校学术委员会制度运行中存在的问题，主要表现为：实际权力较法律规定的权力小很多；学术委员会运作不规范，职能被淡化，结构不健全。人员构成以行政人员与资深教授为主，代表性不够；魏小琳（2014）通过实证调查发现学术委员会存在的问题有：定位不明确，学术权力虚弱。委员产生机制不规范，民主基础缺乏。人员组成结构不合理，行政化倾向严重。运行机制不健全，管理不规范。教授治学水平不平衡，委员履职能力有差异。

四是完善学术委员会运行研究。王建华（2018）认为，当前学术委员会人员构成侧重"代表性"，学术决策实行"票决制"满足了学术民主的需要，提高了学术治理效率，但在专业化管理方面尚欠缺，必须在民主管理的基础上加强专业化建设，确保参与学术决策的委员及委员会自身的胜任力[①]。

---

① 王建华. 从正当到胜任：高校学术委员会建设的进路[J]. 中国高教研究，2018（5）：58.

五是学术委员会章程及规程剖析。可参见洪煜、钟秉林、赵应生的《高校章程中学术机构及其运行模式——基于教育部核准的 18 所大学章程的文本分析》(2015)，湛中乐、王春蕾的《大学治理中的学术委员会制度建设——兼评〈高等学校学术委员会规程〉》(2016)，熊庆年的《清华、北大学术委员会章程建设的治理意蕴》(2018)等。

六是对国外高校学术评议会经验借鉴研究。可参见沈波、许为民的《学术评议会：大学学术权力的制度保障与借鉴——以德国大学为例的分析》(2012)，朱守信、杨颉的《学术评议会与共同治理的形成——以加州大学伯克利分校为例》(2014)，王绽蕊、魏孟飞的《英国高校学术评议会制度的主要特征及启示》(2014)等。

4) 教职工代表大会制度研究

学界对教职工代表大会的研究一般围绕教代会发挥桥梁和纽带作用进行民主管理方面来展开。主要研究方向有：**一是教代会的缘起及演变历史研究。**如郭卉(2007)指出，高校教职工代表大会是高校学习企业职代会经验的结果，也是国家落实知识分子政策的产物，20 世纪 80 年代是其形成期，90 年代后经历了权力被弱化阶段，该阶段教代会名存实亡，在教育工会开展对教代会的评估之后，教代会有了一点转变，但治标不治本。**二是教代会的职能与作用研究。**它担负起联系基层和国家、整合社会利益的重要政治功能。一部分学者将其功能界定为民主管理中权力监督与制约机构进行研究，如毕宪顺、赵凤娟的《高等学校的民主监督与权力制约——以教职工代表大会制度为基本形式》(2009)等，还有学者将其作为利益表达机制进行研究，如郭卉的《权利诉求与大学治理——中国大学教师利益表达的制度运作》(2006)等。**三是教代会运作的问题及其完善研究。**存在的问题主要有：教代会没有真正落实、代表素质有待提高、提案工作需要完善、工会的作用需要加强等。完善教代会的路径包括建立健全法律法规；加强党委领导，落实职权；构建科学组织，完善长效机制的建设；做好提案工作，保障校务公开(李凤春，2009)。

5) 治理结构演变与变革研究

李建奇(2009)认为,我国高校治理结构变迁经历了从以完全强制性制度变迁为主到以强制性制度变迁为主、诱致性制度变迁为辅的转变。大学治理结构变迁的路径选择存在缺乏大学理念支撑、以强制性变迁为主缺乏一致目标、治理主体单一、治理结构缺乏效率等问题。

顾海良(2010)认为完善大学内部治理结构应把握四个基本问题:①大学治理结构的架构在于党委领导的核心地位、校长负责的关键作用和教授治学的根本要求的有机结合;②要推动教育家办教育、加强管理队伍建设;③去行政化不仅逐渐取消当前高校实际存在的行政级别,还包括改变把行政权力和学术权力混同,甚至用行政权力替代或削弱学术权力的现象;④更重要的是大学校长的职业化。龚怡祖(2008)认为我国向大学治理迈进的两条路径:一是对权力模式进行修补以维持内部人员控制;二是创新利益相关者主体的表达机制,建立包容多元权利主体、吸纳各方价值诉求并尊重学术权力的治理结构。

6) 治理模式研究

大学经历了学生大学、教师大学、学院式管理模式后,到近代各国治理模式出现分化。学者对治理模式的划分各有标准,但不管哪种划分标准,最后形成的模式大同小异。主要有:①谁在治理结构中占据主导权?依据该划分标准,在伯顿·克拉克(Burton R. Clark,1983)看来,欧美大学治理模式主要有三种类型:欧洲的政府控制模式("哑铃型"治理结构)、英国的学者自主管理模式("金字塔型"治理结构)和美国的共同治理模式("橄榄型"治理结构)①。王洪才(2012)将当前大学治理模式划分为国家主导型、专业中介主导型以及社会参与型三种模式。其中,国家主导型以法国、德国等欧陆国家为典型,大学内部实行教授治校、外部实

---

① Clark B R. The Higher Education System [M]. Berkeley: University of California Press, 1983:229-237.

行国家控制;专业中介主导型以英国为代表,外部实行专业中介管理,内部实行学院制管理;社会参与型以美国为典型,外部实行分权制,市场因素在该模式中发挥重要作用,吸纳社会代表进入董事会并对大学进行管理,内部采用以校长为首的行政系统和以教授会为代表的学术系统平行管理体制。二战后,美国高校治理结构趋于稳定,形成董事会主导的治理结构。②谁掌握监督权? 甘永涛(2007)依据此标准将大学治理结构归纳成三种模式,分别为以内部人监督为主的关系型、以国际监督为主的行政型、以中介机构监督为主的复合型治理模式。③采用哪种方式管理学校? 熊庆年(2006)依据此方式将大学治理模式分为科层模式、专业模式、民主模式、共享模式、经营型治理模式等五种模式。

6. 治理有效性相关研究

1) 治理结构有效性与治理有效性关系

国内外学者研究大学治理问题,目的多在于探索有效的治理途径,有效性问题备受关注,学者们在思考是否存在一种具有普适性的、有效治理结构。约翰森(Johannsen)在《学术机构的微观描述》中指出,剑桥大学组织结构问题频出,但仍取得了成功。这表明有效的治理结构不是有效治理的充分条件,也并不存在一种普遍适用的结构能解决各种治理问题。

2) 治理结构有效性研究

目前对大学治理结构有效性的研究多关注评价标准,但学界尚未形成一种可以借鉴的大学治理结构有效性的评价标准。尽管如此,学界一致认为是否有利于大学目标的实现是判断治理结构有效性的首要标准。如《牛津大学治理(白皮书)》(2006)有效性原则要求治理结构要能够实现大学全体教职会议所制定的目标,能鉴定机构的风险,以及应对将来会面临的挑战。澳大利亚大学校长委员会(2003)在治理声明中指出,大学治理结构的检验标准应该是治理结构在实现大学特殊使命基础上,对整体目标的适合性。夏托克(Michael Shattock,2006)在《成功大学的管理之道》中也指出,有效的大学治理结构必须能够体现大学的价值并为大学目标服务。万萍(2010)指出,大学作为一种社会组织,其治理结构的安排也应该符合组织学对一个组织有效性的判定标准,除能否达成预定目标外,还包括能否适应外部环境的变化并做出必要的调整,能否发挥各层次各部门的整合作用,以及能否维持组织的基本形式与架构不做过大的改变。

3) 治理有效性研究

学界对大学治理有效性研究尚不多,通过中国知网检索"大学治理有效性""大学有效治理"等关键词,总共出现33篇文章,排除相同文章、主题相关度较低的文章,总共有15篇文章研究大学治理有效性。这些文章主要讨论了两个问题:**一是大学治理有效性评判标准,即什么样的大学治理是有效的?**朱家德(2013)指出,大学有效治理表现在形式有效性和实质有效性两个维度上,形式有效性是指以参与原则判断大学权力配置是否满足利益相关者的民主诉求;实质有效性是指以效率原则鉴别大学内外部治理结构和议事决策程序是否有利于大学达成其使命——追求学术真理和公共利益。顾建民(2016)则认为,大学有效治理是能够协调大学利益相关者的关系,规范权力和权威的行使,持续获取并充分利用资源实现大学目标的结构和过程,具体包含"有效的"治理和"有效地"治理两方面。**二是大学有效治理的实施路径与机制,即如何实现大学有效治理及如何提升大学治理有效性?**朱家德(2013)认为,提升大学治理有效性应该重点解决四个关键问题,即扩大党委会委员构成,明确党委会议事程序,改革学术委员会委员构成并明确议事程序,明确校长办公会议议事程序。此外,朱家德(2014)还指出,主要路径是以争取更多自主权为核心,改革政府与大学之间的外部治理结构。顾建民(2016)认为,实现有效治理的关键在于健全决策体制机制,在利益相关者之间营造一种沟通、信任、合作的治理文化。马陆亭(2016)提出,大学有效治理取决于学者共同体机制的确立。王寰安(2016)认为,应重点关注塑造有效的大学办学环境,通过办学竞争以提高大学内部的治理效率。

(三)院系治理研究

1. 院系治理现状及问题研究

对院系治理的问题研究方法多为实证研究,学者多从校院关系、院系内部治理两个层面来剖析院系治理问题,通过问卷调查、访谈等方式获取了当前院系治理现状并分析存在的问题。①校院关系方面,张德祥和李洋帆(2017)指出,二级学院办学主体地位未充分落实,尚未突破传统校院关系;江涛和张磊(2017)梳理了二级学院在学校整体战略布局、学科特色化发展、供给侧结构性改革、高校内外部关系上的角色定位,构建治理体系过程中遭受外部权力管制。②院系内部治理方面,目前二级学院治理在理论研究和实践上都不够重视,学院内部权力边界不清,缺乏相应议事制度。李成恩和常亮(2017)梳理我国大学院系治理现状:一是制度体系匮乏与顶层设计缺失;二是治理重心有限下移与院系接管乏力;三是院系党政权责模糊与"两张皮"现象;四是学术权力的复归与民主权利的弱化。行政权力与学术权力失调等。江涛和张磊(2017)梳理了二级学院在学校整体战略布局、学科特色化发展、供给侧结构性改革、高校内外部关系上的角色定位,并指出当前我国高校院系层面内部治理结构基本合理,参与高校院系内部治理热情高涨和消极并存,认识呈现分化态势比较明显。张雷生(2017)开发了《高校院系层面内部治理结构现状调查问卷》,从制度层面对院系内部治理结构的认知、学院权力决策机构状况的认知、院长产生机制及改革的认知、从"共享参与式"治理状况的认知、权责划分及改革措施实施状况的认知、学院内部治理结构运行状况的认知等六个方面了解我国高校院系内部治理结构的现状。张雷生认为院系治理问题的根源在于现有教职工参与内部治理渠道单一、行政权力过于集中等。

2. 院系组织形态研究

学院设置的数量直接关系着大学的管理幅度、学院结构、学科格局、人才培养等大学内部的治理。我国大学学院(含院级系)设置中存在的诸多问题已经引发研究者的高度关注,如学院设置尚无明确的标准、缺乏制度规范、大学内部学院类型庞杂、数量众多。学院性质与管理边界不清、管理效率低下、学院内部学科结构单一、学科交叉融合受阻等。

院系设置数量研究。学院设置是大学治理的一项重要内容。我国C9大学(C9 League,九校联盟)包括北京大学、清华大学、复旦大学、上海交通大学、南京大学、浙江大学、中国科学技术大学、哈尔滨工业大学、西安交通大学等9所顶尖大学,一些学者对C9大学的学院设置与英美顶尖大学的学院设置进行比较。李福华(2005)统计包括北京大学、清华大学、复旦大学等在内的9所国内著名高校,学院数量的平均值为19.7个,而哈佛大学、麻省理工学院等世界一流大学学院数量平均值为8.4个;国内高校学院高达66.1%是依据一级学科设立的,国外高校69.7%的学院是按学科门类设置的,且国外没有依据二级学科设置的学院。英美9所顶尖高校与我国C9大学的学院设置数量对比,详见表3-2。

表3-2　英美中高校学院设置数量

学校	学院数量	学校	学院数量
麻省理工学院	6	清华大学	51
斯坦福大学	7	北京大学	53
哈佛大学	15	浙江大学	45
牛津大学	4	复旦大学	47
加州理工学院	6	南京大学	34
剑桥大学	6	中国科学技术大学	31
伦敦大学学院	11	上海交通大学	31
帝国理工学院	4	西安交通大学	24
芝加哥大学	13	哈尔滨工业大学	23
平均(个)	8	平均(个)	38

数据来源:各高校官网。

　　大学学院设置背后自然有其学科逻辑、社会逻辑和治理逻辑。林健 (2010)提出院系设置的原则有：战略目标原则、学科发展原则、精干高效原则、权责对等原则以及动态适应原则。他指出，大学学院数目的确定应主要考虑学院的实体化程度和大学内部管理水平，再综合考虑其他因素，一所大学的学院数量以 10 个为宜，不得超过 15 个。宣勇(2016)指出，中国大学的学院数量设置整体偏多，美国大学学院数量设置基本上为 8～10 个，据统计，我国"985 工程"大学学院数是 30 个左右，而"211 工程"大学学院数是 16 个左右，地方院校学院数是 17 个左右。学院数整体偏多，然而现在高校设置的学院数远远超过了这一数据，且有愈演愈烈之势。

　　院系数量膨胀原因研究。导致我国院系数量过多的原因是多方面的，陈廷柱(2014)认为，我国高校院系数量膨胀的直接原因是结构不同，根本原因是过度行政化的管理体制。付梦芸(2015)从组织学视角探析了我国高校院系数量扩张的原因，一是学校规模的扩大；二是学校发展战略的变化；三是知识的分化与整合；四是"学院制"改革；五是院系内各利益相关方的博弈。

　　院系组织形态变革研究。主要有三类：**一是减少数量的思路。**李福华(2005)认为，院系设置变革提出的思路是适当减少学院数量，加强特色学院和特色学科建设，设置本科生院和研究生院，重视交叉学科项目中心建立。**二是院系权限与数量相结合的路径。**陈廷柱(2017)认为，我国院系治理改革面临学院数量较多和权力较小的挑战。基于院系学科跨度和管理权限维度，比较了扩大院系管理权限、扩大权限再拓宽院系跨度以及先拓宽院系跨度再扩大院系管理权限三种路径，认为我国高校院系治理结构改革的最佳路径应该是先将窄型院系变成宽型院系，同时调整院系权力结构。**三是增设统筹层级。**如邹晓东、吕旭峰等关于学部制改革的相关研究。

　　学部制改革研究。学者对学部制的研究主要有三个视角：**一是学科**

交叉视角。该视角主要从原因出发,将学部制视作一种跨学科组织,通过整合学科间的学术力量来促进学科管理科学化、民主化,从而促进高校的内部管理体制改革(陈平,2010;邹晓东,吕旭峰,2011 和 2013)。**二是学部分类视角**。主要对包括北京大学、武汉大学、浙江大学等在内的高校的具体实践进行分类,形成了三种不同的模式:①作为学术组织的学部,只具有学术权力,不具有行政权力,主要负责协调相关学院(系)或学科的学术事务,如北京大学,但北京大学医学部又是实体运行的;②作为管理层级的学部,具有学术性事务管理权,或兼有学术、行政事务管理权,主要负责学部的行政工作,或者代表学校承担对学院的指导和协调工作,如武汉大学、重庆大学、北京师范大学等;③作为中间协调机构的学部,既是学术分类管理的平台,也是教授治学、学术民主管理的重要组织形式,同时受学校委托协调(专项性、阶段性)而不是直接管理(吕旭峰,2013);**三是问题分析视角**。当前学部制从理论走向实践的过程中存在诸多问题,①学部制体制尚处于不成熟阶段;②对学部的功能定位不够明确,出现结构混乱现象及职能交叉现象;③高校尚未厘清大学组织中各层级的关系,尤其是学校、学部、学院,学部与学科、学系之间的关系;④学部制改革的走向存疑,即将学部制做"实"还是做"虚"的问题。目前来看,大多是虚化的,是一个学术组织,个别学校的学部是实体,个别学校的个别学部是实体,有学者称为"全面学部制"和"局部学部制"。我国进行学部制改革的"双一流"高校名单详见表3-3。

表3-3 学部制改革的"双一流"高校

进行学部制改革的"双一流"高校		
序号	学校名称	组织管理体制
1	北京大学	全面学部制
2	浙江大学	全面学部制
3	吉林大学	全面学部制

续表

序号	学校名称	组织管理体制
4	武汉大学	全面学部制
5	中国人民大学	全面学部制
6	南京农业大学	全面学部制
7	厦门大学	全面学部制
8	重庆大学	全面学部制
9	西南大学	全面学部制
10	南昌大学	全面学部制
11	太原理工大学	全面学部制
12	北京体育大学	全面学部制
13	天津工业大学	全面学部制
14	中国科学技术大学	局部学部制
15	哈尔滨工业大学	局部学部制
16	西安交通大学	局部学部制
17	北京师范大学	局部学部制
18	天津大学	局部学部制
19	大连理工大学	局部学部制
20	苏州大学	局部学部制
21	同济大学	局部学部制
22	华东师范大学	局部学部制
23	北京工业大学	局部学部制
24	中国海洋大学	局部学部制
25	东北师范大学	局部学部制
26	西安电子科技大学	局部学部制
27	河海大学	局部学部制

续表

序号	学校名称	组织管理体制
28	华中师范大学	局部学部制
29	华南师范大学	局部学部制
30	陕西师范大学	局部学部制
31	北京中医药大学	局部学部制
32	首都师范大学	局部学部制
33	湘潭大学	局部学部制
34	云南大学	局部学部制
35	中央戏剧学院	局部学部制
36	中央音乐学院	局部学部制
37	中央民族大学	局部学部制

注:以上资料为软科(ID:zuihaodaxue)根据各高校官网信息手动整理,如有疏漏,欢迎补充或指正。信息仅供参考,请以官方发布为准。

数据来源:上海软科。

3. 院系治理结构及机制研究

1) 领导体制

1996 年,中共中央颁发《中国共产党普通高等学校基层组织工作条例》,规定高校的领导体制为"党委领导下的校长负责制"。并强调院(系)党组织和行政要按划分的职责范围,既有分工又有合作,共同做好工作,但未明确规定院系领导体制。直到 1999 年,中共江苏省委教育工作委员会制定颁发的《江苏省高等学校院(系)党组织工作暂行规定》明确提出:"高等学校院(系)工作由党组织和行政共同负责",明确了院系的领导体制。2021 年 2 月 26 日中共中央政治局会议修订、2021 年 4 月 16 日中共中央颁布的《中国共产党普通高等学校基层组织工作条例》第三条明确指出:"高校实行党委领导下的校长负责制。高校党的委员会(以下简称高校党委)全面领导学校工作,支持校长按照《中华人民共和国高等教育法》的规定积极主动、独立负责地开展工作，保证教学、科研、行政管理等各项任务的完成。"

院系领导体制的演变及分期研究。韦希(2017)梳理了我国高校二级院系管理先后经历了教授负责制、系主任负责制、党政共同负责制。严蔚刚(2013)梳理了学院治理体制的变迁，基于党政联席会和教授委员会均有决策职能，梳理了它们之间的关系，将学院治理权力主体设定为党、政、学，并将治理关系设定为管理与被管理、指挥与服从关系和平等协商的平行治理关系。依据上中下的排列组合，涌现出 7 类 13 种治理结构，建议我国高校二级学院建立党、政、学三者共同负责、分工合作机制，实行"党政学联席会议"。刘宏艳、赵文华等(2011)将新中国成立以来高校院系领导体制分为探索初创阶段(1949—1966)、混乱失范阶段(1966—1976)、恢复调整阶段(1976—1989)、巩固创新阶段(1989—2000)。曲云进(2004)以 1990 年为界，将新中国成立以来院系领导体制分为探索期和党政共同负责期。张德祥、方水凤(2017)梳理了 1949—1989年我国大学院(系)领导体制的变更：①1949—1956 年系主任(院长)负责制；②1956—1961 年系党总支委员会领导下的系务委员会负责制；③1961—1966 年系总支委员会保证和监督下的以系主任为首的系务委员会负责制；④1966—1976 年军、工宣队代表的"三结合"领导小组负责制；⑤1977—1983 年系党总支委员会领导下的系主任分工负责制；⑥1983—1989 年系主任负责制；⑦1990—2009 年党政共同负责制探索期。

党政共同负责制的内涵研究。王春雨、黄庆华(2007)指出，党政共同负责制是在学校党委、行政领导下的共同负责，是院系党政地位平等和集体领导，院系党政对决策过程和决策结果共同负责，其工作机制是集体民主决策和个人分工执行相结合。[①] 党政共同负责制的内容包括：

---

① 王春雨,黄庆华. 对高校院(系)实行党政共同负责制的认识和思考[J]. 扬州大学学报，2007(5):60.

党政联席会议的议事制度、集体领导下的党政分工制、党组织的政治核心地位(洪平,2003)。党政共同负责其本质就是集体领导,党政共同负责不是党政"一把手"共同负责,党政共同负责强调决策上的共同负责,且共同负责不排斥分工负责,分工负责是共同负责的基础(曲云进,2004)。

党政共同负责制的意义研究。党政共同负责制的意义主要有:一是有利于规范院系工作;二是有利于院(系)党组织参与重要问题的决策;三是有利于院(系)党组织把思想政治工作渗透进业务工作,有利于同时抓好物质文明和精神文明,有利于党组织更好地发挥监督作用(洪平,2003)。在必要性方面:首先,实行党政共同负责是党委领导下的校长负责制的延伸和支撑;其次,是院(系)党组织政治核心地位的重要体现;再次,是社会主义高校培养目标得以实现的组织保证。最后,是高等教育改革与发展对院(系)工作的必然要求(曲云进,2004)。

党政共同负责制的问题及原因研究。史华楠、刘汉柏等(2010)认为,党政共同负责制存在的问题主要有:一是各主体对于"共同负责"认识存在偏差;二是党组织政治核心作用未得到强化;三是党政沟通协调渠道不畅;四是联席议事制度执行不够严格;五是个别领导素质不能适应"共同负责"要求。由于未对院系领导体制进行统一规定,我国有不少高校对院(系)的领导体制尚没有统一的认识,大致有四种观点:一是院长(系主任)负责制,二是党组织领导下的院长(系主任)负责制,三是党政分工负责制,四是党政共同负责制。

史华楠、刘汉柏等(2010)认为,导致上述问题的原因是多方面的,一是院(系)领导没有全面把握党政共同负责制的内涵,思想认识上未达成共识;二是实行党政共同负责制的程序规范尚不够健全和细化,缺乏有力的制度保证;三是尚未形成依法治院、按章办事的良好工作环境;四是对院(系)党政共同负责的监督缺位。在平台构建运行方面,应该改革权力结构,明晰权力界限,构建协商机制。

2）决策机制

治理要素梳理。王战军和肖红缨（2016）以治理理论和利益相关者理论为分析工具，对一流大学院系治理的结构要素和运行机制进行系统研究。院系治理体系包括治理主体、治理客体、治理机制，治理主体包括管理者、教师、学生三类利益群体，治理客体包括学科专业建设、教学科研日常运作、经费筹措和使用、队伍建设和规划、学生培养和日常管理。治理机制包括治理结构、制度和文化。应该理清学校和院系的权责关系是院系治理的根本，构建多维协调互动的院系内部治理体系是院系治理的要义，吸纳重要校外利益相关者参与共同治理是院系治理的必然要求。谭婷（2015）在治理理论视角下对二级学院决策机制展开研究。梳理了我国高校二级学院决策机制现状与问题：一是党政联席会议为最高机构，但制度化建设仍不足；二是决策主体格局较为完整，但学术决策权影响力尚不足；三是决策体系尚不健全，科学性和专业性明显不足。因此，二级学院决策机制的建设路径应为决策主体多元化，实现"四位一体"；决策格局均衡化，提升学术决策权力；决策程序制度化，规范决策体系。

党政联席会议。学界对党政联席会议制度的研究主要从内涵、问题、意义及完善路径四个方面展开。

党政联席会议制度内涵研究。党政联席会议制度应是院（系）工作的最高决策机制，是院（系）的主要议事制度和工作机制。院系内部研究工作、商讨决策、交流情况、统一思想、协调关系是其主要任务。同时，它也是院系内部各成员就工作情况、总结汇报等进行沟通的主要渠道。

党政联席会议制度问题研究。刘宏艳、赵文华等人（2011）认为院系党政联席会议的问题主要表现为：一是思想认识不到位，作为院系核心的党务工作与行政、学术等中心工作出现严重脱节的"两张皮"现象；二是院（系）党政职责定位不明确；三是院（系）重大事项议事决策规程不完善；四是院（系）领导班子能力和素质亟待加强。杨露（2012）认为当前存在的问题主要是对党政共同负责制的认识不一致。张文华（2013）认为院（系）党政联席会议存在的问题表现为，一是高校对基层党建工作思想模糊，对党政联席会议制度更是不清楚、不重视、不落实；二是院（系）党委书记和行政负责人配备不合理，导致党政不平衡，两者分工不明确，关系不融洽；三是高校院（系）党组织自身存在问题，需要思考如何在基层开展党建工作。

党政联席会议制度意义研究。 杨露（2012）认为，党政联席会议制度是加强院（系）领导班子建设的有效手段和完善工作机制的科学选择，是院（系）贯彻民主集中制原则的具体表现，可以充分发挥院（系）党组织的政治核心作用，是协调院（系）党政关系的重要手段。

党政联席会议制度完善路径研究。 杨露（2012）指出，一要合理界定院（系）党政联席会议的议事范围。二要科学界定议题的提出和会议对象。三要严格执行党政联席会议的议事程序。要按照"集体领导、民主集中、个别酝酿、会议决定"的程序进行。四要坚定落实党政联席会议决议的规则。五要加强对院（系）领导班子的监督和考核。张华（2013）指出，首先，国家顶层设计层面应该对高校院（系）党政联席会议制度的具体实施与运作方式有具体谋划。其次，高校党委应该同步配备院（系）党政班子。再次，党政之间同步开展院（系）工作。最后，应同步加强对党政班子的领导能力和工作水平的考核。严蔚刚（2013）建议我国高校二级学院建立党、政、学三者共同负责、分工合作机制，实行"党政学联席会议"。

院系学术委员会。 学界对院系学术委员会的研究很少，主要围绕其存在的问题进行分析。蔡锋（2012）指出，当前我国高校院系学术委员会存在的问题表现为组织构成不科学、职能践行不够、成员权益意识薄弱。原因主要有缺乏科学管理，缺乏"过程"意识，漠视人文关怀。许华荣、薄存旭（2017）通过对6所高校院系学术委员会章程的文本分析，发现院系学术委员会职责权限模糊不清、成员选任方式行政化、章程设计笼统化、组织设置缺位等问题。也有部分学者对院系教授委员会进行探索。比如毕宪顺(2008)指出，要区分高校内部领导体制和管理体制，应该建立以学术权力为主导的高等学校内部管理体制——教授委员会，并指出这是高等学校内部管理体制改革的重要内容和模式之一。薛传会、凌炜(2012)针对学院中普遍存在的行政权力肆意干预学术事务和学术权力的现象以及缺乏教授治学的氛围与文化等问题，提出应坚持教授治学，推行学院教授委员会制度，实现学术权力和行政权力的分离。

4. 院系治理模式研究

学界对院系治理模式的划分因划分标准不同而不同。①以学院办学自主权为划分标准。宣勇(2016)梳理纵向分权的治理模式主要有三种：一是科层制直线型，学院作为执行单位；二是事业部制的扁平化管理方式，有部分自主权、经营权，部分财务、自主权力；三是牛津剑桥独立联邦制。②以学院内部各权力主体参与决策程度为划分标准。约翰逊(1976)根据学院治理集权程度的高低将美国几十所研究型大学院系治理模式细分为寡头决策型、领导决策型、参与决策型、共同决策型①。有学者将学院治理模式分为集权式和分权式，两者的区别在于院长的角色是政治家还是学者领导，他将学院决策制定流程的规定，学院决策的讨论通过的会议机制，是相关委员会产生的方式；将学院重要决策的最终主体等作为判别学院治理模式的标准。刘恩允和周川(2017)将院系内部权力分为以党委书记为代表的政治权力、以院长为代表的行政权力，以各专门委员会为代表的学术权力，以学校职能部门为代表的经济权力，以教授个体为代表的象征权力。院系治理改革中的权力配置和组合过程主要是行政权力和学术权力的博弈。这五种权力组合出三种院系治理模式：一是教授委员会集体决策下的院长负责制的学科型结构，二

---

① Johnson, Dewayne J, Relationship Between Administrators Personality and How They and the Faculty Perceived the Administrator's Role and Degree of Success, Administrator Role (1976):11.

是党政联席会议决策下的院长负责制的综合型结构,三是学院董事会制度下的院长书记分工负责制的专业型结构。③纵向与横向分权相结合的划分标准。通过对欧陆、英国、美国大学院系治理模式在院系办学自主权、校院权责划分、院系学术权力主体、院系行政权力主体、院长遴选方式、教师参与院系治理的权力大小、行政权力配置等方面的特征,发现我国院系治理模式介于美英模式和欧陆模式之间,主张我国院系治理应实行协商共治模式。

5. 学术治理研究

"教授治学"与"教授治校"的讨论。 周光礼(2010)认为,实现教授治学要充分发挥教授在教学、学术研究、学科建设和学校管理中的指导作用,主旨在于以教授为主体行使高校的学术权力,并对高校学术资源进行配置和使用。依法治校,制定和完善大学章程,健全议事规则与决策程序,健全学校各项管理规章制度和工作运行机制。张维迎(2003)在《大学的逻辑》一书中探讨了到底应该是"教授治校"还是"校长治校",学校中谁最应该有发言权,他指出这不是一个简单的问题,教授能否治校取决于教授的产生方式及选拔程序,教授队伍组成、教授治校的前提是教授做出的决策符合大学理念,在当前体制下绝对不能实行教授治校。赵蒙成(2011)认为,"教授治校"的实质是创建以学术权力为主导的大学组织结构与权力架构,教授治学仅指教授在大学事务管理上有一定发言权,教授治学是治校的一部分,教授治校是教授治学的前提,目前实行教授治学是大学管理体制民主化改革的倒退。显然,学界对教授"治学"和"治校"形成了两种完全相左的看法。王洪才(2012)指出,实行教授治学、教授参与治校、吸引社会力量参与大学治理能够有效遏制大学行政化趋势。

学术权力研究。 许晓东、阎峻和卞良(2016)认为,强化学术权力是大学治理的根本,梳理大学权力变迁与博弈及国外学术治理的案例,调查了解中国大学学术权力现状,提出构建中国大学学术治理体系的路径：以治学为宗旨，形成"四位一体"共治格局；以共治为理念，优化决策流程，完善学术治理体系；以院系为中心，健全运行机制，推行校院二级治理。张继龙（2017）认为，院系学术治理是大学学术治理的基础层级和活力源泉。当前，我国大学院系中的学术治理呈现一种圈层结构，党政核心领导居于学术权力中心，其他行政领导位于学术权力核心的外围，普通教师处于学术权力边缘。这种圈层结构源于院系组织的权力制度设计、干部人事制度安排以及学术组织规则。教师参与院系学术治理，有利于提高学术决策的合法性、科学性，增强学术组织的控制力。

学术不端行为等学术问题的研究。一方面是学术不端的内涵及类型。国外对学术不端行为的界定因发布机构不同而略有差异。如美国政府对科学不端行为的一般性定义是："编造、伪造、剽窃或其他在申请课题、实施研究、报告结果中违背科学共同体惯例的行为"，这是第一次出现学术不端的定义。美国国家科学院（NAS）将其定义为申报、开展或报告研究项目过程中的伪造、篡改、剽窃。美国国家科学基金会（NSF）则定义为伪造、篡改、剽窃和其他严重背离公认准则的行为。我国也发布《高等学校哲学社会科学研究学术规范（试行）》指出，伪注，伪造、篡改文献和数据等行为都属于学术不端行为。教育部发布的《关于严肃处理高等学校学术不端行为的通知》指出，有抄袭、剽窃、侵吞、篡改他人学术成果；捏造数据、注释、文献；署名不规范等学术不端行为的（都）应该进行严肃处理。而在实际操作过程中，比较常见的学术不端行为主要有剽窃、抄袭、一稿多投。**另一方面是对学术不端行为处理研究。**何晓聪（2007）认为，首先，应该加强社会诚信建设；其次，应该加强制度建设，包括改革现有学术评价机制，加快惩戒机制建设，建立长效监督机制；再次，应该加强科研管理队伍建设；最后，应该加强对研究生的学术道德培养。在加强诚信制度和学术道德教育之外，李靖波、厉亚（2011）认为还应该确立严格的标准，能够明确分辨文章或成果是抄袭还是合理引用。

也有学者对学术不端行为的原因进行分析（何晓聪，2007；张耀铭，2015），同时也有部分学者对学术腐败及不端行为的危害进行研究（蒋寅，2009），以及对学术治理的国际案例研究（周祝瑛，马冀，2018）。

6. 院系治理变革路径研究

当前学界对院系治理变革路径研究形成两种截然相反的思路：一是"自上而下"方式，二是"自下而上"方式。①"自上而下"方式是当前比较典型的看法。宣勇（2016）认为，校院关系和二级学院治理是高等教育治理体系与治理能力现代化的重要内容。学院制是我国大学组织结构的基本选择，从直线型走向扁平化是我国大学校院关系的基本走向。在学院权力运行、监督与制约、权力负面清单、二级教代会、二级学术委员会以及学生权力方面应该加强。张德祥和李洋帆（2017）指出，二级学院治理首先应建立新型校院关系，继而完善领导体制、学术管理、民主管理。江涛和张磊（2017）认为，二级学院治理路径应是制度化、精细化、组织化和效能化的。②"自下而上"方式是在"自上而下"方式之后提出的。"自下而上"方式比较有代表性的是周川和刘恩允（2017）提出现代大学治理的核心是院系治理，高校治理改革可先行探索基层学术组织治理改革，形成"自下而上"的改革倒逼机制。院系治理改革应推进"学术主导、分类驱动、协同推进"三种机制变革，尊重学术在权力配置中的主导作用。应望江（2008）认为，优化我国高校院系治理结构可借鉴国外学术管理与行政管理适度分离的思路，建立由行政班子、党组织、教授委员会、二级教代会构成的既分工明确又相互合作、相互制衡的"四位一体"院系治理结构。行政班子全面主持本单位学科建设、教育教学、科学研究、社会服务和其他行政管理工作；党组织作为院系的政治核心和监督保证，负责政治方向、思想教育、干部培养和党建工作；教授委员会审议监督学院学科发展规划、人才引进等学术标准、审议学术资源配置方案，以及其他文件赋予的职责；二级教代会主要负责审议院系工作报告、预决算及重大事宜报告，审议岗位责任制方案、奖惩方案以及与教职工利益密切相关的规章制度；评议院系行政班子和教授委员会工作绩效。

　　高等教育治理层面的研究主要聚焦两个主题，一是现代大学制度研究，包括狭义层面大学组织内部制度研究和广义层面国家层面现代大学制度研究；**二是高等教育治理体系与治理现代化研究，**包括治理体系及治理现代化的定义与内涵研究、高等教育治理问题及对策研究、高等教育治理体系与治理现代化的关系研究，以及高等教育治理现代化视角下的具体问题研究。

　　大学治理层面的研究涉及六个主题，一是大学治理的问题研究，主要包括学校与外部关系研究，学校内部党委、行政学术权力主体的关系研究，"校—院—系"三级组织架构的关系研究，其他权力主体与主要权力主体的关系研究。**二是大学办学自主权研究，**包括大学办学自主权的范围研究，大学办学自主权难以实现的原因研究，如何实现大学办学自主权的对策研究。**三是高校内部权力要素及其结构研究，**包括权力的内涵及边界研究、权力类型研究、权力结构的问题研究以及权力类型与事务领域的对应研究。**四是利益相关者研究，**包括利益相关者的界定及分类研究，各利益群体参与学校治理的研究。**五是高校治理结构及模式研究，**包括治理机构研究、治理结构的演变及变革研究、高校治理模式研究。**六是大学治理有效性研究，**包括治理结构有效性研究、治理有效性研究以及治理结构有效性和治理有效性的关系研究。

　　院系治理层面的研究涉及六个主题。一是院系治理现状及问题研究，包括校院关系的问题研究、院系内部治理问题研究。**二是院系组织形态变革研究，**包括院系数量及规模研究、院系数量膨胀的原因研究、院系组织形态变革路径研究以及学部制研究。**三是院系治理结构及机制研究，**包括院系领导体制研究、院系决策机制研究。**四是院系治理模式研究，**包括院系办学自主权标准研究、院系内部各权力主体参与程度标准研究、纵向横向分权相结合标准研究。**五是学术治理研究，**包括"教授治学"与"教授治校"探讨、学术权力研究、学术不端行为的问题研究。**六是院系治**

理路径研究,包括"自上而下"路径研究和"自下而上"路径研究。

第三节　高校共同治理理论模型
与主流分析框架

　　共同治理理论是治理理论中的一种。"治理"一词源于古希腊语和拉丁语中的"掌舵",本义为控制、指导、操纵。1989 年,由世界银行发布的《撒哈拉以南非洲:从危机到可持续增长》报告中提及非洲发展问题之根源为"治理"危机而使该词语的本义发生变化。在世界银行的报告中,治理是指"行使政治权力管理国家事务",非洲国家改革的目标应为善治。此时,治理概念具有强烈的政治性,关注合法性、多元主义、参与性等政治概念。后来逐渐引申为共同治理和协同治理。全球委员会在《我们的全球伙伴关系》中将治理定义为各种公共或私人机构和个人管理其共同事务方式的总和[①],并揭示其两大特征:承认治理主体的多元性并正视主体差异性寻求合作协商。治理已成为一种新的管理模式和一种新的运作方式。在治理理论正式出现之前,诸多学者对治理内涵进行界定并归纳其主要特征,认为治理是一种协商、互动的过程。如库伊曼认为治理是一套政策参与者都能够接受的运作模式,是社会需要与管理能力之间的互动,有效的治理模式应当是动态的、多元的、复杂的,会伴随社会需求而变化[②]。法国学者玛丽·克劳德·斯莫茨(Marie Claude Smoltz)认为治理是一种强调协调的互动过程,兼顾公私部门的行动者[③]。韦勒(P. Weller)认为治

---

① Commission on Global Governance Our Global Neighborhood: The Report of the Commission on Global Governance [R]. Oxford University Press, 1995.2.

② Kooiman, Jan, eds, Modern Governance: New Government-Society Interactions [R]. London: Sage, 1994.55.

③ Marie-Claude, Smout, The properuse of governance in international relations, International Social Science Journal, No.155, 1998.81 - 89.

理是由单中心转向多中心协商合作的互动过程。

20世纪90年代,在西方政治学、管理学领域中,治理理论作为一种崭新的社会管理理论开始兴起。其创始人之一罗西瑙(J. N. Rosemauu)在《没有政府统治的治理》以及《21世纪的治理》等一系列相关文章中定义治理为一系列活动领域里的管理机制,是一种由共同目标支持的活动,无正式授权,也不需依靠国家强制力便可实现。格里·斯托克(Gerry Stoker)认为,治理的行动者是不限于政府的社会公共机构,在解决社会和经济问题过程中存在边界及责任的模糊性,在集体行为中存在着权力依赖,参与者最终形成一个自主网络,同时意味着办好事情不再局限于政府①。整体而言,治理理论强调将公共事务的管理权限和责任,从政府垄断中解放出来,形成一种多元主体共治局面②。

20世纪90年代以来,共同治理逐渐在美国高校中践行。近年来,伴随巨型大学组织出现,作为共同治理产物的董事会制度受到诟病和广泛批评。协商治理与网络治理成为完善共同治理模式的途径,但两者本质上依旧是共同治理。协商治理强调决策的合法性,决策必须建立在协商的基础上,所有受到决策影响的主体都有机会参与决策过程,并有平等的权利来选择议题和控制议程③。网络治理是指"一种由独立但自主的行为者构成的相对稳定的合作关系;这些行为者通过谈判的方式来互动,这一互动发生在规制性、规范性、认知性以及想象的框架中,而且这一互动是在外部机构规定界限范围内实施的一种自我规制性的互动,这一互动有助于公共目标的实现"④⑤。

学界已有大量研究采用各种理论来对治理结构进行剖析,学位论文

① 俞可平. 治理与善治[M]. 北京:社会科学文献出版社,2000,34.
② 吴慧平. 西方大学的共同治理[M]. 北京:北京师范大学出版社,2012,88.
③ 孟倩,许晓东,林静. 美国大学协商治理机制及其挑战[J]. 复旦教育论坛,2014(4):103.
④ 张继亮. 协商式治理:网络治理与协商民主的深层整合[J]. 理论探索,2016(5):85.
⑤ Eva S. and Jacob T. (eds.). Theories of Democratic Network Governance [M]. Hampshire and New York: Palgrave Macmillan, 2007:859 - 862.

对大学治理相关理论研究主要是对理论框架的运用，而期刊文献多数是对理论应用的评价。

理论框架应用研究。该类研究应用较多的理论有（后）新公共管理理论（黄畅，2008；王燕群，2015；马小利，2017）、产权理论及法人理论（廖秀峰，2012；李万辉，2012；张端鸿，2013；杨国兴，2013；邓捷，2013；韩江丽，2014）、委托代理理论（蒋心怡，2013；）、利益相关者理论（杜嘉美，2011；刘桐旭，2011；林炊利，2013；康慧婷，2014；李娟，2015；赵梦瑶，2016；陈晓光，2016；冯琦，2017）、（共同）治理理论（于扬，2009；袁琴，2011；常明杰，2011；张圣祺，2012；刘恩允，2014；马利凯，2016；孙曙光，2017）、协商民主理论（刘洁，2014；崔兴毅，2016；贺金婷，2016；倪东，2018）、网络治理理论（毛君君，2013；陈晓旭，2013；徐琪，2013）、善治理论（刘怀杰，2008；于畅，2017）等。其中新公共管理理论、产权理论、委托代理理论、利益相关者理论等多用于研究高等教育统筹权、大学办学自主权、府学关系等大学外部治理问题，共同治理理论、协商共治理论、网络治理理论、善治理论等多用来分析行政权力、学术权力等主体参与学校治理等内部治理问题。

共同治理理论是在利益相关者理论基础上形成的，而利益相关者理论则源于西方经济学中对公司治理的研究。学界对利益相关者的研究源于公司所有权与公司经营效率的探讨，传统公司治理理论支持"股东至上"的观点，在这一基本主张下也形成了两种不同的观点：一种是以詹森（Jensen）为代表的一派认为公司所有权与实际控制权分离，股东无法控制经理，造成公司经营效率低下，应强化内外部收购并约束经理行为；另一种是以托宾（Tobin）为代表的一派认为经理人受金融市场短视影响，过度关注短期股票价格而忽视长期投资，偏离公司经营目标，应提高税收限制股票短期交易。以布莱尔（Blair）为首的一派否定了"公司目标就是使股东财富最大化"的"股东至上"理念，他们认为工人、债权人、供应商等都承担着公司的剩余风险，因此，公司所有者不局限于股东，所有利益相关者雇员、供应商、债权人等均为企业所有人,公司经营目的不能仅限于股东利润最大化,应考虑其他利益相关者的利益。早在 1963 年,布莱尔就提出,最有效率的控制权安排形式是让承担使用资产所带来风险的那些集团掌握该资产的控制权。最早使用利益相关者概念的经济学家是安索夫(Ansoff,1965),他认为"要想制定理想的企业目标,必须综合平衡考虑企业诸多利益相关者之间相互冲突的索取权,他们可能包括管理人员、工人、股东、供应商以及顾客"。布莱尔(1995)认为,随着时代发展,物质资本所有者在公司中的地位呈逐渐弱化趋势。唐纳森(Donaldson)认为股东不是公司唯一的所有者,债权人、管理者、其他为公司作出贡献的利益者或群体的利益诉求均应该被考虑。利益相关者理论研究认为,公司本质上是一种受多种市场影响的企业实体,不应该由股东主导企业组织制度,股东并不是公司唯一所有者(Donaldson & Preston,1995)。具体的利益相关者概念详见表 3-4。

表 3-4 利益相关者概念

研究者	主要观点
安索夫	应综合平衡考虑包括管理人员、工人、股东、供应商以及顾客等在内的企业诸多利益相关者之间相互冲突的索取权
弗里曼(Freeman)	能影响企业目标实现或被企业目标实现所影响的个人或群体是企业的利益相关者
布莱尔	物质资本所有者在公司中的地位呈逐渐弱化趋势
唐纳森	股东不是公司唯一的所有者,债权人、管理者、其他为公司作出贡献的利益者或群体的利益诉求均应该被考虑

至于什么人可以被称为利益相关者,弗里曼(Freeman,1984)在《战略管理:一个利益相关者方法》中将其定义为"能够影响企业目标实现或被企业目标实现所影响的个人或群体"。在利益相关者划分上,弗里曼采用多维细分法,依据所有权、经济依赖性以及社会利益三个维度将企业利益相关者分为:所有权利益相关者(公司股票持有者)、经济依赖利

益相关者(经理、员工、债权人、供应商、消费者、竞争者、地方社区等)以及社会利益相关者(政府、媒体等)。克拉克森(Clarkson,1994)基于经营风险的类型,将利益相关者分为自愿与非自愿利益相关者。米切尔(Mitchell,1997)归纳了利益相关者三个典型特征:影响力、合法性、紧迫性,并以此作为利益相关者划分维度,从而提出确定利益相关者、预期型利益相关者和潜在利益相关者三种利益相关者类型。弗雷德里克(Frederik,1988)把利益相关者划分为直接利益相关者与间接利益相关者两大类是依据各主体是否与企业发生交易关系。万建华(1998)在各主体与企业签订合同的正式性基础上,将利益相关者分为一级、二级利益相关者。陈宏辉(2003)根据主动性、重要性以及紧急性三个特征程度将利益相关者分为核心利益相关者、蛰伏利益相关者以及边缘利益相关者,并于2004年首先提出核心利益相关者的概念,"在任何一个企业中,必然离不开股东、管理者和员工这三类人员,他们作为企业经营运作的直接参与者,应该被视作企业的核心利益相关者"。吴玲(2006)从资源观角度将利益相关者分为关键、重要、一般、边缘利益相关者四类。楚金桥和李振涛(2008)通过分析利益相关者共同治理的利弊指出,核心利益相关者共同治理是利益相关者共同治理的趋势。利益相关者的具体分类详见表3-5。

表3-5　利益相关者分类

研究者	划分标准
弗里曼	所有权、经济依赖性、社会利益三个维度对企业利益相关者分类
弗雷德里克	与企业发生交易关系与否(直接、间接)
克拉克森	依据承担企业经营风险类型(自愿、非自愿)
米切尔	合法性、权力性、紧急性三个维度(确定、预期、潜在)
万建华	与企业签订合同的正式性(一级、二级)
陈宏辉	依据主动性、重要性及紧急性三个维度(核心、蛰伏、边缘)
吴玲	资源观角度(关键、重要、一般、边缘)

　　治理模型中的三个最基本的要素是治理主体、治理客体和治理手段。高校共同治理是高校利益相关者共同参与学校的治理，故利益相关者是治理模型中的治理主体，利益相关者理论是共同治理的基础和前置理论，同时也是高校共同治理模型中的主流分析框架。

　　利益相关者首次出现是在 1963 年由斯坦福研究中心对其下定义，经历了"利益相关者影响—利益相关者参与—利益相关者共同治理"三次理论变迁。1984 年，弗里曼将利益相关者定义为"能够影响组织目标的实现或能够被组织实现目标的过程影响的人"，之后的研究者将其界定为"能够影响组织的人或群体，能被组织影响的人或群体"，在之后的研究者进一步缩小利益相关者的范围，将其界定为"在组织中下了'赌注'"的人。

　　大学经历了学生大学、教师大学、学院式管理模式之后，直到近代各国治理模式出现了分化。学者对治理模式的划分各有标准，但不管哪种划分标准，最后形成的模式大同小异。主要有：①谁在治理结构中占据主导权？依据该划分标准，在伯顿·克拉克（Burton R. Clark, 1983）看来，欧美大学治理模式主要有三种类型：欧洲大陆的政府控制模式（"哑铃型"治理结构）、英国的学者自主管理模式（"金字塔型"治理结构）和美国的共同治理模式（"橄榄型"治理结构）。王洪才（2012）将当前大学治理模式划分为国家主导型、专业中介主导型以及社会参与型三种模式。其中，国家主导型以法国、德国等欧陆国家为典型，大学内部实行教授治校、外部实行国家控制；专业中介主导型以英国为代表，外部实行专业中介管理，内部实行学院制管理；社会参与型以美国为典型，外部实行分权制，市场因素在该模式中发挥重要的作用，吸纳社会代表进入董事会并对大学进行管理，内部采用以校长为首的行政系统和以教授会为代表的学术系统平行管理体制。二战后，美国高校治理结构趋于稳定，形成董事会主导的治理结构。②谁掌握监督权？甘永涛（2007）依据此标准将大学治理结构归纳为三种模式，包括以内部人监督为主的关系型、以国际监督为主的行政型、以中介机构监督为主的复合型治理模式。③采用哪种方式管理学校？熊庆年（2006）依据此方式将大学治理模式分为科层模式、专业模式、民主模式、共享模式、经营型治理模式等五种模式。

第四章

英美高校共同治理结构变革的探索与实践

第一节　英美高校共同治理结构
变革的制度特征

一、英美高校共同治理理念的源流

governance 这一单词在字典中被定义为"管理一个国家或控制一个公司或组织机构的活动；管理国家、公司或组织机构的方式"，和"政府"的英文单词 government 一样，governance 一词在根源上也源于希腊词汇 κυβερνάω[kubernáo]，意为驾驶，柏拉图首先使用了这个隐喻来表达治理这一概念，一直到 20 世纪 90 年代，这一术语才被经济学家和政治科学家重新创造并赋予新的含义。1989 年世界银行在概括当时非洲的情形时，首次使用了"治理危机（crisis in governance）"一词，此后"治理"一词便被广泛使用在社会科学的研究领域。

治理理论的主要创始人之一詹姆斯·罗西瑙（James N. Rosenau）在其主编的《没有政府的治理》中明确指出："治理是一种内涵更为丰富的现象，它既包括政府机制，又同时包括非正式、非政府的机制，随着治理范围的扩大，各色人和各类组织等得以借助这些机制满足各自的需要，并实现各自的愿望。"

在 shared governance 这个短语中，shared（共享的；共同的）一词很巧妙地将更多的利益相关者或者主体包含进了"治理"这一过程中。多个主体共同参与治理和管理过程这一概念亦包含在美国政府模式之中，林肯在 1863 年的葛底斯堡演说中就提到一个在美国的政治理念中举足轻重的一句话"of the people, by the people, for the people"，翻译成中文就是"民有、民治、民享"，这意味着公民对州和联邦层面的政府都负有直接责任。这种共同治理模式和思想同样体现在欧盟和联合国的成立和运转中，在这些组织机构中，都是由各国共同参与国际事务决策的。

可以说共同治理的概念一直深植在西方的治理理念之中，尤其在 20 世纪 30 年代爆发经济危机之后，凯恩斯主义（keynesianism）在西方世界盛行，与自由放任思想相反，凯恩斯强调政府在市场机制中的地位和作用，以及政府参与市场的重要性。然而政府也并不是万能的，由于本身的局限性，依然会出现不能达到有效配置资源的情况，这也就是"政府失灵"。为了更好地治理和更优的决策，就需要引导更多的主体和利益相关者参与治理和决策的过程，共同治理这一理念便应运而生。

二、英美高等教育起源和发展历程

约公元前 387 年，柏拉图就创建了柏拉图学园，主要进行学术性研讨以及研究数学等活动，为中世纪西方大学的发展奠定了基础。1088 年，世界上第一所大学博罗尼亚大学成立，博罗尼亚大学也是世界现存最古老的大学。在中世纪的欧洲，英国的牛津大学、葡萄牙的科英布拉大学（University of Coimbra）、西班牙的萨拉曼卡大学（universidad de salamanca）等也相继成立。

西方高等教育的现代化历程可以概括为四步：第一步是世俗化。把大学从教会的机构转变为国家的机构，大学虽拥有一定程度的自治和学术自由，但是由政府划拨经费、管理大学以及制定教育方针政策。第二步是精英化。中世纪大学培养专门职业人才,其中包括神学、法学、医学等,生源主要是中产阶级和穷人子弟。随着文艺复兴的深度发展,社会需要新的精英,因此大学开始进行改革,主要吸引贵族子弟,随后是新型的中产阶级。第三步是学术化或科学化。大学由此成为学术场所,自由地进行纯粹研究。研究的重点也从哲学慢慢转向了自然科学。随着毕业生增多,但就业问题却没有统筹解决,这引起了频繁的学生运动。第四步是社会化。由于社会和学术科学的相互需要,高等工程和技术教育进入高等教育领域,且地位不断提升。尤其值得一提的是,美国高等教育更加偏向实用主义(pragmatism),倡导并践行大学服务社会的理念。虽然实用主义反映了美国资产阶级急功近利的思维方式和生活方式,但作为 20 世纪美国主流的思潮,对美国的高等教育治理产生了重要的影响,再通过杜威(Dewey)和胡适等人的传播,也间接影响了中国高等教育的发展和治理结构的变革。

简而言之,我们可以从西方高等教育的现代化历程中看出,高等教育在变革中从精英走向大众,从单一学科变成了多元课程设置,从"象牙塔"转化为兼容多种需要的社会化大学,同时也丰富了其治理的主体。

三、20 世纪 80 年代高等教育改革背景以及原因

20 世纪 80 年代,在经济、政治和新社会思潮的催化之下,各国纷纷开始实行高等教育改革。

在当时,世界经济并不稳定,各国经济增长速度放缓,美国、日本和欧盟的区域经济中心竞争日益激烈。1987 年北美自由贸易区正式建立,1989 年亚太经济合作组织成立,世界各地众多经济集团的成立与发展,标志着经济全球化水平进一步提高,以及贸易和投资自由化程度大大增强。与此同时,新自由主义和多元民主思潮冲击着传统的价值观,后现代主义的盛行,也对现有的体制和规则提出了质疑。在多变的局势和各种思想的激荡之下,大学作为新思潮、新社会需要,以及陈规旧俗的交汇

之地，实行教育改革是顺应时代潮流的必然之举。

从英国、奥地利、丹麦、挪威到澳大利亚、马来西亚和日本都纷纷完善了法律，并对大学的治理体系进行调整和完善。

四、英美高校共同治理理念的形成

1966年，美国大学教授协会（AAUP）、美国教育理事会（ACE）以及美国大学董事会协会（AGB）一起发布了《学院与大学治理的联合声明》（Statement on Government of Colleges and Universities）（以下简称《联合声明》）标志了大学共同治理这一理念诞生。

美国大学教授协会成立于1915年，致力于促进学术自由和共同治理以及界定高等教育的基本职业价值观和标准。通过制定标准和程序以维持美国高校的教育质量和学术自由。美国教育理事会自1918年建立以来，制定有效的公共政策，帮助高校通过高质量的创新提升制度建设能力，并且促进高等教育领导渠道多样化。美国大学董事会协会成立于1921年，它通过向学院、大学、基金会董事会、董事会成员提供专家服务和资源，指导其更好地参与管理。

换言之，这三个机构从成立伊始就秉承着完善高校管理和治理体系，厘清高校治理中的权、责、利的关系，以实现更优决策这一初衷。因此，联合发布了《联合声明》，这是美国高等教育治理进程中的里程碑。

《联合声明》中的第一句话就明确指出了高校共同治理参与的主体："本声明是针对董事会成员、行政人员、教师、学生，以及其他认为美国的学院和大学已经到了要求学术机构的组成部分之间适当分担责任和合作行动的阶段的人。"刘爱生将《联合声明》中两条核心要义概括为：在重大决策的过程中，赋予不同群体参与的机会；在特定领域的决策上，允许特定群体负主要责任。

该《联合声明》发布之后，就成为推动共同治理制度变革的重要力量，其影响也从美国渐渐扩大到了欧洲、亚洲和非洲的其他高校。

第二节　英美高校共同治理结构
变革的实现机制

一、英国高校治理结构变革实现机制及历史演进

一直以来,英国的高等教育质量在世界范围内都享有良好的口碑,世界各地的学生都对其悠久的历史和独特的教育体系心向往之。作为世界高等教育的常青树,能够因势利导进行治理结构改革,是英国高等教育始终保持优质的重要原因。

英国大学历史可以一直追溯到中世纪初期,牛津大学和剑桥大学可以说是世界上最悠久的大学之一。在苏格兰,教皇创建了圣安德鲁大学(University of St Andrews)、格拉斯哥大学(University of Glasgow)和阿伯丁国王学院(King's College of Aberdeen)。实行宗教改革后,爱丁堡大学、马里沙尔学院、阿伯丁大学和弗雷泽堡大学也相继成立。与此同时,亨利八世在达勒姆创建大学的计划落空。在爱尔兰,圣三一学院(Trinity College Dublin)以"大学之母"的身份在伊丽莎白女王的皇家宪章下成立。经过18世纪和19世纪的蓬勃发展之后,英国高等教育的宏观和微观结构都更加完善了。

英国大学的内部治理结构可以根据治理主体的变化分成三个阶段:从单一的专业人员治理到专业人员和外行治理并行阶段,以及受到美国《学院与大学治理的联合声明》影响尝试共同治理阶段。

(一) 专业人员治理

与萨莱诺大学、博洛尼亚大学以及巴黎大学形成的原因一样,牛津大学和剑桥大学的产生也是由师生自然聚集形成而非由教会或者国家创立的。这样一来,由专业人员进行治理是必然之举,因为学校是由

教授们自发成立而非由教会或者国家组建,自然由发起的教师自行治理。学界将牛津大学和剑桥大学的治理模式概括为"教师管理大学"。除此之外,因学校规模不大,课程设置、考试设置、教学评估等相关制度也并不完善,教师尚有在完成教学的情况下处理一些其他事务的精力。然而,随着学校规模扩大和内部相关制度完善,专业教师在处理行政管理事务时明显力不从心,这样的矛盾到 20 世纪 80 年代表现得更为明显。

(二) 专业人员治理与外行治理并行阶段

19 世纪中期,城市学院在英国各地兴起,这些高校主要由当地热心的各界人士操办,所以城市学院的内部管理结构没有按照牛津大学和剑桥大学这样的传统管理模式,因此催生了"外行治理"的模式。校务委员会掌握学校大权,负责大学的各项事务,其成员大多为大学的创始人。

除了由当地热心人士操办的大学之外,还有一种是由地方议员和创始人一起合办的大学,同样采取的也是"外行治理"这一模式。事实上,除了个别传统大学之外,英国的大部分大学都是由外行建立的。

然而,大学的"自治"与"他治"的矛盾在西方的文化中是固有的,在"外行治理"的模式之中,越来越多的专业教师呼吁学术自治,这一呼声在第一次世界大战后更加强烈。因此,很多教师们自发组建了学术委员会以推动学术自治,校务委员会也开始放权,把一部分权力交给了学术委员会。至此,所谓的完全"外行治理"便不复存在。

(三) "共同治理"模式阶段

1985 年,英国议会发布《20 世纪 90 年代高等教育发展》白皮书,强调高等教育在国际发展中的重要意义。1988 年英国政府通过了《教育改革法》,其重要举措可以概括为高等教育的目标、入学以及教育体制结构三个方面,在教育体制结构上该法案"取消大学拨款委员会,同时建立大学经费委员会和多科技术学院以及其他学院基金委员会"。1991 年,英国议会和下议院颁布《高等教育：一个新的框架》白皮书，次年在此基础上颁布《1992 年继续教育和高等教育法》，继续在高等教育领域进行大刀阔斧地改革。该法案撤销了 1988 年才设立的大学基金委员会及多科技术学院和其他学院基金委员会，取消了在英国已经运行了 30 多年的国家学位授予委员会。随后，国会在 1997 年颁布《学习社会中的高等教育》，其中再次提到了完善管理机制的问题。

唐纳德·F. 韦斯特海登（Donald F. Westerheiden）对于英国大学的自治情况给予了高度肯定：与欧洲其他国家相比，在自治评分卡网站里，机构自主权的四个领域，英国的大学都是高分。英国大学自治领域详见图 4－1。

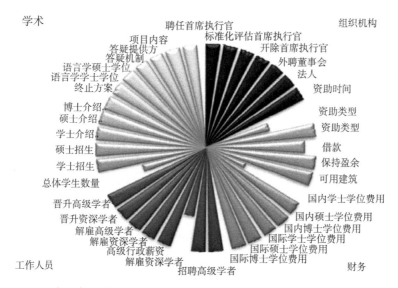

source: www.university-autonomy.eu

图 4-1　英国大学自治领域

二、美国高校治理结构变革实现机制及历史演进

在 17 世纪到 18 世纪，从英国到美国寻找新世界的移民也带来了欧洲的高等教育思想和建立大学的思想。由于在美国没有类似欧洲的行

会组织,再加上殖民地时期最初建立的学院规模很小,每所学院不过几名教师和几十名学生,所以那时建立的学院就采取了一种新的方式,由外部人员组成的董事会来组建学院,董事会任命校长,由校长负责与教学相关的行政事务并组织各种教学活动。第二个发展阶段便是美国的独立战争之后到第二次世界大战前,在这期间,美国的高等教育采取以校长为主导的大学治理模式,在第二次世界大战之后,美国的大学就开始了在共同治理这一概念指导下的治理模式。

(一) 1636—1850 年:以董事会为主导的学院治理结构

在殖民地时期,美国建立了 9 所大学,分别是哈佛大学(哈佛学院)、威廉和玛丽学院、耶鲁大学、罗格斯大学皇后学院、哥伦比亚大学(国王学院)、布朗大学(罗德岛学院)、宾夕法尼亚大学(费城学院)、普林斯顿大学(新泽西学院)以及达特茅斯学院。

哈佛大学于 1636 年在美国马萨诸塞州创立,一开始的哈佛大学是一个公共的机构,并且由督学委员会监管,督学委员会由马萨诸塞湾殖民地的总督、副总督、司库、三位地方法官以及六位部长组成,督学委员会是在最高法院的管理之下进行相关工作的,不具有完全的自主权。1642 年,督学委员会被重新改建为准公司(quasi-corporation),1650 年,马萨诸塞州的最高法院批准将哈佛大学转设为一个由校长、教职工以及司库组成的完整公司,而督学委员依然是大学财产的受托人。

庄丽君(2016)把美国董事会制度的特点概括为:董事会规模不一,但规模小幅增长;公立高校的董事主要由州官员任命,私立高校的董事主要由现任董事选举产生;董事的工商企业背景和校友身份凸显;董事有明确的任期限制并交互错开;董事会每年定期召开例会,通过常设委员会代为行使相关职权。

(二) 1850—1945 年:以校长为主导的大学治理结构

从南北战争后到第二次世界大战前是美国高等教育蓬勃发展的重

要时期。美国政府于 1862 年颁布了赠予学院土地法案,即"莫里尔赠地学院法案",鼓励农业和机械学院的建设,并且开设新的课程。1890年,美国国会通过第二个《莫里尔法案》,加大了对赠地学院的财政补偿力度。这一系列的法规政策都为美国州立综合大学创立打下了坚实的基础。

自此,美国城市大学开始兴起,研究型大学变成了学术文化的重要组成部分,博士学位的学者取代了学校里原有的执业教师,并且建立了新的学术部门。随着大学类型变化,尤其是内部课程设置和教师层次变化以及学术部门成立,美国高等教育机构内部的治理结构也发生了相应的变化。

与之前相比,大学校长开始在大学的内部治理中占据主导地位,校内的事务主要由院长办公室、教务主任和招生主任共同负责。长期授课的学者也逐渐在大学内部治理中拥有了更多的学术自主权,职业地位进一步提高,在招聘、课程设置以及学位要求方面有了更大的话语权。

(三) 1945 年至今:共同治理

美国是最早明确提出并实施大学共同治理的国家。第二次世界大战后,大学教师和学生想要参与学校内部治理的呼声越来越强烈,再加上根植于美国的民主传统,为了解决美国高等教育中的矛盾,美国大学教授协会、美国教育理事会以及美国大学董事会协会等协会相继成立,并在 1966 年联合颁布了《学院与大学治理的联合声明》。

《联合声明》颁布和实施以后,在美国高等教育界引起了不少争论,在各种争论中,引发了对共同治理制度的重新审视,导致了对共同治理模式的改革。1998 年美国大学董事会协会又颁布了《大学治理宣言》,对 1966 年颁发的《联合声明》进行了部分调整,提出了七项原则,针对美国大学治理模式中出现的问题,对共同治理中的权力进行了重新分配,设置了新的标准。

在美国大学的共同治理中涉及董事会、大学共治委员会、学术评议会、教师评议会、行政职员评议会以及校友会等多个主体。美国大学的董事会是大学的法人代表和最高决策机构，董事会成员来源多样，并且多是校外人员，负责制定相关的政策规划，校长则负责政策规划的执行。共治委员会的成员来自大学内部，由选举或直接任命产生，肩负着桥梁的作用，协助校长和各利益相关者的顺畅沟通，以做出更合适的决策。学术评议会主要负责校内学术事务，包括制定校历、课程计划，确定录取标准和学位标准，安排校内设施使用，参与教师和科研人员的聘任与晋升。教师评议会代表学校教师的利益和权利，主要具有三种功能：立法功能、顾问功能和解决冲突功能；其可以提出阐释和修正学术相关政策，为其他大学的相关事务提出建议，协调和解决教师和其他主体的冲突和矛盾。行政职员评议会主要代表校内的行政专职人员，主要职责是协调和传达大学与行政专职人员之间的信息沟通，加强其精神建设和专业素养提升，对学校的相关建设建言献策。校友会则由大学校友组成，是非营利性的社会组织，代表所有校友的利益，可为校友提供社交的机会以及职业规划等服务，让校友通过资助的方式，参与学校建设。

第三节　英美高校共同治理结构
变革的经验借鉴

一、研究型大学——以耶鲁大学为例

（一）实施共同治理的背景

耶鲁大学于1701年由康涅狄格州公理会教友创建，希望可以借此将清教发扬光大，亚伯拉罕·皮尔逊（Abraham Pearson）被选举为

第一任校长，将学校命名为"大学学校"。因此，在创立之初便深受宗教思想的影响，同时也肩负着培养神职人员和政府工作人员的责任。1718 年英国东印度公司高级官员伊莱休·耶鲁（Elihu Yale）先生为学校捐献了书籍和财物，因为耶鲁先生作出的杰出贡献，学校更名为"耶鲁学院"。

耶鲁大学一直采取严格的宗教管理体制来维持宗教信仰的纯洁性，从耶鲁大学的第三任校长因为赞成主教制被革职后，校内的教员须先签字承认清教公理会的正统教义之后才会被聘用。在学生管理上也是如此，宗教的价值观和生活方式贯穿于学生管理的方方面面。

受清教教义的影响，耶鲁大学将自己的校训定为"光明和真理（Lux et veritas）"，可以说学术自由和独立思考深深根植于耶鲁人的精神之中。越南战争期间，美国政府明令禁止以道德或宗教为由反战的学生获得奖学金，很多美国高校遵照此政策，唯有耶鲁大学不遵守此规定，坚持以成绩为唯一的评判标准，第十七任校长甚至公开谴责美国政府的军事行为。

耶鲁大学"教授治校"也是来自其宗教传统，公理会秉承平等和共治的思想，教会内部没有森严的等级制度，教徒可自愿组建教会，教会内部的事务也由教会的成员共同裁决。在耶鲁大学的建校初期，因为最初组建的董事会人员分散，学校事务都由院长一力承担，直到 1795 年，董事会不参加具体事务管理作为一项政策固定下来，当时的蒂莫西·德怀特校长指派了三位教授组成教授委员会来管理具体事务。

（二）实施共同治理的措施

耶鲁大学的内部治理是宏观结构，采取的是内部多层级治理结构、外部多维度治理制衡以及多元主体的共同治理的三位一体模式。

在其内部结构之中，董事会具有最高的决策权，校长拥有最高执行权，在校长之下分为校、院、系三级。董事会一般负责学校的宏观事务，除了重大事务委员会之外,董事会下设十二个常务委员会来处理日常事宜,每年 9 月会和各委员会以及师生代表一起讨论学校的重大事宜。横向来看,校内设有校长、教务长、分管不同领域的副校长、院长以及系主任。

外部的多维度治理根据伯顿·克拉克的三级模型分为政府干预、市场调节以及学术权力影响。政府主要通过法案和财政政策来干预学校的治理,比如根据 1862 年的"莫里尔赠地学院法案",康涅狄格州政府将土地赠予了耶鲁大学的菲尔德学院,直接促进了该学院的发展。1944 年的《军人权利法案》、1958 年的《国防教育法》、1980 年的《贝赫-多尔法案》都直接推动了美国大学的发展并且充实了内部组织架构。不仅如此,康涅狄格州政府在校董事会中占有一定的席位,能够参与学校的宏观决策。耶鲁大学也十分重视与当地政府和州政府的合作,从学校和城市的角度一起做未来规划,并动员学生积极参与志愿者活动,培养学生的社会责任感。

市场调节具体指的是学校在市场中的声誉,这会影响雇主和学生的选择。美国的第三方评估机构兴起较早,至今体系已十分完善,王世赟(2020)将第三方机构归类为非营利组织(如 EST、ACT 等)、商业公司(如培生集团美国分部、CTB)、高校和研究机构(如伯克利测评中心、美国研究院)以及行业协会(麻省教师协会)等。这些机构会对学校的情况做出全面的评价,这些机构的测评结果会对学生、教师以及未来雇主的选择产生一定的影响。工商界的领导者普遍在研究型大学的董事会中占有重要的一席之地,因此也将他们的管理经验带到了大学的治理之中,让学校董事会制订的宏观规划更加符合市场和社会的需要。

最后,学术权力方面,耶鲁大学一直以来都以"教授治校"闻名,但是教授治校并不是指每一位教授都参与学校的治理,参与学校治理的主体是教授委员会,其把握校内学术事务的决策权。而耶鲁大学教授治校的本质是教授治学,资深教授会亲自给耶鲁大学的本科生上课,这不仅提高了本科生的质量,也有助于耶鲁大学精神传承,不仅如此,教授治学也可以保证学术自由,这正与耶鲁大学的校训相契合。

多元主体共同治理指的是上述的多个主体一同参与决策过程,学校的行政和学术都由不同的委员会来主导决策,其协作过程如图 4-2 所示①。

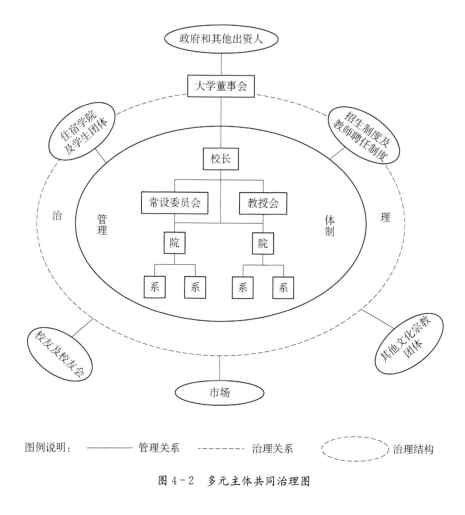

图例说明:　──── 管理关系　- - - - 治理关系　⟨治理结构⟩ 治理结构

图 4-2　多元主体共同治理图

---

① 任谦. 耶鲁大学治理[D]. 西安:陕西师范大学,2015.

二、综合型大学——以加利福尼亚大学为例

(一) 实施共同治理的背景

加利福尼亚大学(University of California, UC)(以下简称"加州大学")创建于 1868 年,目前由包括加利福尼亚大学伯克利分校(UC Berkeley)、加利福尼亚大学洛杉矶分校(UCLA)、加利福尼亚大学圣塔芭芭拉分校(UCSB)、加利福尼亚大学圣迭戈分校(UCSD)、加利福尼亚大学旧金山分校(UCSF)、加利福尼亚大学尔湾分校(UCI)、加利福尼亚大学戴维斯分校(UCD)、加利福尼亚大学圣克鲁兹分校(UCSC)、加利福尼亚大学河滨分校(UCR)和加利福尼亚大学美熹德分校(UCM)十个大学校区(习惯于称为"分校")组成,各大校区都在第三方高校排名中名列前茅,目前学校约有在校生 30 万名。

建校之初,加州大学和其他美国学校一样,通过外行董事会来管理学校内部事务,这样一来可以让学校免受宗教影响,也让学校的发展贴合当地情况。但随着专业教授增多和地位上升,学校的主导权问题便成了学校内部治理结构讨论的焦点。在 1868 年学校成立的章程里,同步成立了学术评议会(Academic Senate)来处理学校的一般行政事务,而教师们一边负责教学,一边又要兼顾行政事务,而实际上教师手中的权力十分有限。19 世纪时,学校面临资金筹集危机,也卷入了董事会和立法者的政治纠纷之中,有人甚至提议要将加州大学转变成一所理工大学。到 19 世纪末期,学校陷入低谷时期,伯克利分校空有广阔的校区,却资金不足,声誉不高,科研实力也不够。

直到 1879 年,加州大学校董事会的主要成员作为代表参加了加州的第二次制宪会议,协助起草了一份将加州大学指定为公共信托的修正案。最终,新宪法规定:学校应该完全免于所有政治和教派影响,并在任命董事及其他管理事务时也不受其影响。1899 年新校长本杰明·艾

德·惠勒（Benjamin Ide Wheeler）走马上任，他提出的一系列筹集资金和吸引学术资源的改革让加州大学快速发展，在 1910 年其超过密歇根大学成为全美最大的教育机构，在惠勒任职期间，他采取了一系列措施进行内部管理结构改革：如提升了研究在教师聘用、升职和解雇方面的影响；向董事会呼吁让教师更多地参与学校管理；创立委员会专门负责科研资金的分配，等等。

詹姆斯·墨菲特（James K. Moffitt）从加州大学伯克利分校毕业之后成为一名律师，他积极为母校捐款，其在董事会小组会议中提出的协议得到一致赞同，该协议在 1920 年被董事会批准为指导性文件。协议中确立了校长、董事会和教师的关系，还扩大了学术评议会的权力。在此协议的基础上，学术评议会在学校治理中的作用日益明显，教师和学生数量的增加以及办学规模的扩大，更凸显了学术评议会在维持高质量学术水平中的重要性。为了适应学校各种现实需要，一系列具有不同功能的评议会逐步成立。

然而在第二次世界大战后，校长和董事会要求在校的教师，签订表明自己政治立场的誓言书，不签订的教师会被辞退，很多教师也因此辞职。在政治局势的高压之下，学校内部的共同治理大受打击。在克拉克·科尔（Clark Kerr）校长任职期间，他通过改善预算资产、校园行政管理以及设立学术评议会分支，调整了学术评议会的内部结构，使管理结构更加有序。

20 世纪 70 年代初期，董事会中增加了教师和学术代表的席位，1974 年宪法修正案赋予董事会任命学生代表的权力，而校友会是在 1918 年参与到校园治理之中的。

（二）加州大学内部治理框架

根据加州大学伯克利分校的官方研究报告，我们可以看到 1998 年加州大学的内部治理模式如图 4-3 所示。

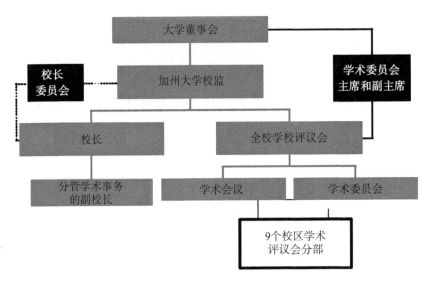

图 4-3 加州大学内部治理结构图(1998 年)

加州大学学术评议会前主席詹姆斯·查尔芬特(James A. Chalfant)教授表示加州大学的内部治理参与主体为董事会、学术评议会以及行政。董事会拥有校内的最高权力,负责校内重大事务的决策、监督调查和建议权,董事会共有 33 位成员,并且依据《加州大学章程》各位董事在履行职责的同时必须把学校的公共利益放在个人利益之上。董事会任命总校校长,总校校长负责统筹校内的各项管理事务,且对董事会负责,分校校长由总校校长提名推荐,负责分校的内部事务,对总校校长和董事会负责。学术评议会经由董事会授权,向董事会和校长汇报工作,负责校内所有和学术相关的事宜,分校的学术评议会是总校学术评议会的分支。学术评议会下设三个分议事会:专门委员会、学术委员会和学术评议大会(学术评议大会未在 1998 年的组织架构中出现)。

在加州大学官方网站里也明确提出了学校共同治理的三大原则:

(1) 行政机构应通知可能受影响的支持者,并在做出决定之前为他们提供充分的对话机会。

(2) 所有团体都应能够参与和影响决策,并应收到对其贡献的答复。

（3）行政机构保留做最后决定的权力，且参与决策过程不应妨碍其及时作出决定。

加州大学的共同治理模式虽已十分成熟，但是詹姆斯·查尔芬特教授仍然提到了加州大学面临着许多挑战，如政府干预和总校权力的弱化、总校和分校的政策冲突等。但是矛盾也会刺激内部治理结构进一步改进，在矛盾的出现和解决中，内部治理结构才会更加优化，有利于在全局视角下做出更优的决策。

三、社区学院

（一）美国社区学院的形成及特点

1. 美国社区学院的形成

美国的社区学院（community college）在英文中也被称为 junior college，是两年制的学校，学费相对优惠，经过在社区大学学习之后学生可以拿到相关领域的证书或学位以尽快就业。完成两年制的学习之后，社区学院可以授予学生副学士学位，然后转学到四年制大学完成学士学位的学习。据美国社区学院协会的统计，截至 2020 年，美国现有 1 167 所社区学院。

美国社区学院的成立和发展同样离不开 1862 年颁布的"莫里尔赠地学院法案"以及 1890 年的"第二次莫里尔法"，这两个法案让更多人有了接受教育的机会，并且让大学为人民的需要这一观念深入人心。19 世纪末 20 世纪初期，很多教育学家深受德国教育思想的影响，十分推崇将高等教育阶段的前两年独立于大学之外这一观念。

威廉·雷尼·哈珀（William Rainey Harper）被誉为"美国社区大学之父"，1891 年出任芝加哥大学校长，于是便把自己和其他教育家的想法付诸实施，他创建了芝加哥大学两年制专科学院。伊利诺伊州的乔利埃特初级学院（Joliet Junior College）创建于 1901 年，是美国第一所公立的社区学院。现在的社区学院和威廉·雷尼·哈珀当初创建的专科学院有所不同,但是他的办学精神却一直传承了下来。从 1907 年开始,加州便通过层层推进立法来促进社区学院建立。

1920 年 6 月 30 日到 7 月 1 日,在密苏里州的圣路易斯召开了一个会议,成立了美国初级学院协会(American Association of Junior Colleges,AAJC),它的首次年度会议于 1921 年在芝加哥召开,随后在 1972 年更名为美国社区和初级学院协会(American Association of Community and Junior Colleges)。伦纳德·库斯(Leonard V. Koos)和沃尔特·克罗斯比·艾尔斯(Walter Crosby Eells)在 20 世纪 20 年代初期相继出版了相关的专著,总结了社区学院的经验并且为将来的发展打下了理论基础。

第二次世界大战后,美国政府意识到,想要巩固其在世界上的地位,提高公民高中后受教育的程度十分重要,建立一个全国性的社区学院架构可以有效提高公民接受教育的机会。在两次世界大战期间,美国初级学院协会(AAJC)也备受重创,杰西·P. 博格(Jesse P. Bogue)于 1946 年上任,1950 年出版了《社区学院》(Community College)一书,这本书的书名本身就意义非凡,这意味着社区学院区别于一般的专科学校,它更像是有辅助作用的综合学校。到 20 世纪 60 年代,社区学院的角色更加清晰并开始进入蓬勃发展期。

2. 美国社区学院实施公共治理的特点

由于美国社区学院形成的历史背景和创立初衷的独特性,其在实施共同治理时与一般的美国大学自然有所差异。刘丛(2011)将美国社区学院的治理结构归类为:"政府购买、民主治校、校长经营、他方认证"四个特征。

20 世纪初期,美国为了迎合移民增多以及提升工业水平的需要,于 1917 年通过了《史密斯-休斯法案》,奠定了美国联邦职业教育立法体系的基础,在该法案颁布之后,职业教育财政拨款增加,学校的数量也越来越多。但是政府资助也是以市场需要、社会需要、学校情况以及就业情况为导向的,并不是一个固化的标准。虽然由政府出资,但是社区学院和美国其他大学一样,董事会拥有最高的决策权,其成员来自各行各业,主要为学校的宏观发展把握方向,校长则掌握行政权力和学校的日常运营。美国社区学院的教学质量和资质,则由美国的民间第三方非营利机构进行认证及测评,时间为五年一次,最后的认证结果会向全社会公布。

（二）以圣马特奥社区学院和美国山麓–迪安萨社区学院为例

1. 圣马特奥社区学院的共同治理

圣马特奥社区学院（College of San Mateo, CSM）于 1991 年成立,坐落在加州硅谷北部的圣马特奥山上,与加州大学签有系统的转学协议,学生在完成学习之后可转到更高的学府继续学习。现在该学院是全美排名第一的社区学院。

根据圣马特奥社区学院的官方网站,参与共同治理的校内部门有四个:学术评议会、各类员工、相关学生、管理委员会,在 1993 年学校发布的关于实施共同治理的文件中,将共同治理定义为:一套真正让教师、各类人员、学生和管理者参与到来的结构和过程。为了达到这一目标,圣马特奥社区学院建立了立足全校的一系列参与式治理委员会（participatory governance committee）,并且会推出培训计划,更好地参与到共同治理的过程中来。到 2009 年,圣马特奥社区学院进一步优化了内部结构并成立了机构规划委员会（Institutional Planning Committee）,重大的决定也都由该机构做出,但是这也导致了对于大学理事会（College Council）的质疑。2013 年大学理事会重点小组成立,它对大学理事会进行了评估并划定了其与机构规划委员会的职责范围,并将大学理事会作为一个参与式治理委员会保留了下来。

大学理事会的职责被界定为"为圣马特奥社区学院的参与性治理流

程提供指导和监督，并且作为社区学院，理事会成员的数量保持在12～16名。

最值得一提的是圣马特奥社区学院的培训项目，分为常规培训和大学理事会培训。常规培训面向社区学院内的所有成员，优先对大学理事会和机构规划委员会的成员开放，并且会多次举行，让每一个有意向的人都能有机会参加培训。培训内容包括学校共同治理的概述、会议记录、沟通技巧、冲突解决、高效参与，等等。理事会培训是一年一次，一般在大学理事会每年的首次会议时或者在大换届时举办，内容包括团队建设活动、理事会的目标、理念和历史概述、理事会成员的职责、理事会的基本规则以及理事会的共同愿景。这一系列的培训项目让学校的共同治理更加有序进行，也提高了学校成员在共同治理方面的参与度。

2. 美国山麓—迪安萨社区学院的共同治理

山麓—迪安萨社区学院（Foothill-De Anza Community College）同样也是美国排名十分靠前的社区学院，它也为自己共同治理和参与式领导力引以为傲，鼓励所有的行政人员、教师和学生一起参与学校的治理以做出更优的决策。

在山麓—迪安萨社区学院的共同治理中，分别设有不同的部门来负责学校的不同部分：校长咨询委员会（Chancellor's Advisory Council，CAC）、区域预算咨询委员会（District Budget Advisory Committee，DBAC）、区域多元化及公平咨询委员会（District Diversity and Equity Advisory Committee）、教育科技咨询委员会（Educational Technology Advisory Committee，ETAC）、能源及可持续性咨询委员会（Energy and Sustainability Advisory Committee，ESAC）、人力资源咨询委员会（Human Resources Advisory Committee，HRAC），以及警察局长咨询委员会（Police Chief's Advisory Committee，PCAC）。其中，校长咨询委员会由行政人员、教师、其他员工和学生干部组成，是向校长提出规划、预算、政策和程序制定方面建议的主要组织。

学校的协作过程和治理结构如图 4-4 所示。

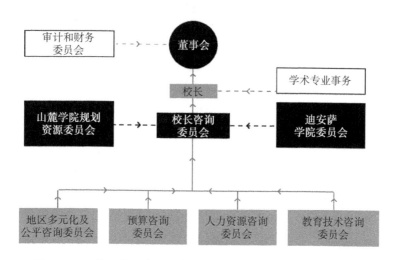

图 4-4 山麓—迪安萨社区学院的协作过程和治理结构(2016)

四、经验借鉴与启示

由于政治经济制度各异,在高等教育管理体制上存在较大差异,但高等教育管理的一个共同趋势就是逐渐建立起政府宏观管控、高校自主办学和社会力量共同参与的多元共同治理结构与体系。

美国公立高校治理模式可以分为统一治理、分类治理、市场模式和干预模式。确保一个地区的公立高等教育体系实现质量均衡和优异双赢。如案例中的加州模式和社区学院模式,在统一治理模式框架下,加利福尼亚州设立了高等教育协调或治理机构,并由其依法对全州包括社区学院或技术学院在内的所有公立高校进行统筹管理的治理模式。该机构不一定是政府部门,但依法对全州公立高校有治理权;它们既可以是州高等教育治理机构，也可以是系统董事会。通过设立协调或治理机构，如咨询委员会、协调委员会和治理委员会等对本州高等教育（主要是各类公立高校）进行统筹规划或管理。

在分类治理模式下，美国绝大多数州都对不同类型公立高校的职能和使命进行了分类，如州立大学系统和社区学院，采取分类治理的模式，由不同的机构进行治理。分类治理已经成为美国各州治理公立高等教育的一种主要手段，而且在顶尖全国性大学越多的州，采用分类治理模式所占比例越高。据王绽蕊(2013)统计，在公立大学办学水平达到优异程度的州中，普遍采取了分类治理模式。因此，上述"统一治理""分类治理"两种模式在我国的高等教育治理结构变革中，最具借鉴意义。我国省、自治区、直辖市人民政府统筹协调本行政区域内的高等教育事业，管理主要为地方培养人才和国务院授权管理的高等学校。

除分类治理之外，还有市场模式和干预模式。美国大学治理体系和治理结构吸收了英国和欧洲的双重风格，管理体制建设则是一种以市场选择为特征的社会参与型大学治理模式，其特点是在大学外部，联邦政府实行分权制，国家通过报告等形式引导高等教育改革，一般不直接干预大学事务。其中，依照州宪法成立的高校，董事会可以自主地对高校的各项事务包括校长的遴选、任命与薪酬、学位和课程设置、经费分配和基础设施建设与维修等做出决策。董事会主要按照州宪法以及州宪法中明确规定必须服从的法律行使职权，不必受州行政法的制约，由此可以拒绝来自州政府和立法机关的许多干预。相比之下，在依照州普通法规成立的公立高校，董事会的权力就小得多。

董事会制度是美国大学管理基本制度，《校园的控制：关于高等教育管理的报告》（卡内基教学促进基金会，1982）中指出："董事会构成了（美国）高等教育管理结构的基石。"

特别需要说明的是，我们描述英美高校的共同治理结构，不是为了说明西方的治理体系和治理结构是完美的、成熟的和可以全盘照搬的。

而是为了评判与借鉴,有助于我国高校在治理结构变革的路径中不走弯路和少走弯路。

为推进中国特色现代大学制度建设,健全高等学校内部治理结构,促进和规范高等学校理事会建设,增强高等学校与社会的联系、合作,2014 年《普通高等学校理事会规程(试行)》开始实施,指出"高等学校使用董事会、校务委员会等名称建立的相关机构适用本规程",即允许学校使用有关的组织名称,但由于董事会一般适用于营利性组织,为区别高校与营利性公司企业的不同,教育部倡导高校使用理事会的名称。高校董事会制度在我国开始正式实施,并在一定程度上推进了高校的共同治理改革。在坚持"党委领导下的校长负责制"前提下,适度借鉴国外优秀董事会治理经验,吸纳校外杰出人士参加学校最高决策机构,共同治理高校,实现多元利益共赢的局面。

中国式高等教育现代化是一个时代的命题,既要立足于世界各国现代化发展的共同特征,又要彰显符合我国国情的中国特色(王洪才等,2023)。建设以中国共产党的领导为核心、更加完善的高等教育治理结构是我国高等教育治理体系现代化的应有之义。目前来看,西方治理体系的失能低效和中国特色社会主义治理体系的优越高效对比高下立判。特别是在党的十九届四中全会审议通过了《中共中央关于坚持和完善中国特色社会主义制度、推进国家治理体系和治理能力现代化若干重大问题的决定》之后,新一轮党和国家机构改革全面完成,中国特色社会主义制度更加成熟、更加定型,国家治理体系和治理能力现代化水平明显提高。面对国内外局势的新变化和新挑战,在全球高等教育空间范式转向全球、国家、个体三维共同体格局以及各治理主体、理念、趋势的多元范式转变中,国家对高等教育提出了高质量发展的新定位和新要求。高等教育领域实现历史性变革、系统性重塑、整体性重构,走好中国式高等教育现代化的新道路。

第五章

我国高校治理结构变革的现状与特征

第一节　我国高校治理模式的典型案例考察

一、校院两级治理机构

本书以复旦大学为例来分析我国高校治理模式及其变革。复旦大学治理体系与基本职能比较明晰,并在《复旦大学章程》中予以明确。

在学校层面,**党委**是学校的领导核心,统一领导学校工作,支持校长独立负责地行使职权。学校党委领导由举办者任命。学校党委委员由学校党员代表大会选举产生。学校党委设立常务委员会(党委常委会),由学校党委全体会议(党委全委会)选举产生,对学校党委负责并定期报告工作。**校长**是学校法定代表人,在学校党委领导下,贯彻党的教育方针,组织实施学校党委有关决议,全面负责教学、科研和行政管理工作。校长办公会议是学校行政议事决策机构,是校长行使职权的基本形式。

校务委员会是学校重大事务的咨询和审议机构,行使高等教育法等规定的各项职权,权力主要为咨询权和审议权,具体表现为对学校事业发展总体规划、年度工作计划、财务预决算、重大项目、重大改革方案和举措进行咨询和审议。其成员主要由学校党政领导、学术治理系统各委员会负责人、院系及职能部门代表以及师生代表组成。校务委员会下设有发展规划委员会、法律事务委员会以及预决算委员会等专门咨询委员会。

学术委员会是学校最高学术机构,统筹行使学校学术事务的决策、审议、评定及咨询等职权。学术委员会委员由学校不同学科、专业的教授及具有正高级专业技术职务的在职人员担任,根据学科与教师规模确定人数,依照民主集中制原则产生。校学术委员会依据学部划分为四个小组进行管理,学术委员会成员由学术分委员会提名,根据学科与教师规模确定人数并选举产生,其中主任委员由校长提名、全体委员会选举产生。委员实行任期制,每届任期四年,委员可连任,但不超过两届,连任人数不应超过上届总人数的三分之二。学校党政领导不进入学术委员会且不参会。

学位评定委员会是学校的学位管理机构,主要负责学位授予资格审核,主席由校长担任,其他委员依据学科设置情况在研究生导师中遴选产生。委员实行任期制,一届任期为四年,可连选连任。

教学指导委员会是学校教学工作的指导、咨询、审议及监督机构。按照学科领域分为人文学科、社会科学、自然科学、工程与技术科学和医学五个委员会。委员人数依据学科分布和院系专业设置情况而定,包括教师委员和学生委员,委员候选人在征求各方面意见的基础上确定,由校长聘任。委员实行任期制,每届任期为四年,学生委员为两年。

教职工代表大会是学校教职工参与学校管理与监督的民主机构。代表由教职工民主选举产生,实行任期制,一届任期为五年,可连任。

校董会是学校和支持学校发展的外部人士的咨询、议事及监督机构。成员来自社会各界人士、知名校友以及学校代表,主要负责咨询、议事和监督,旨在促进学校与社会建立广泛联系与合作,筹措办学资金,健全监督机制。除了校董会主席外,还设资深校董和校董。

在院系层面,主要发挥作用的主体有:党政领导班子、学术委员会、教学大会(委员会)、学位评定委员会、教学指导委员会、教职工(代表)大会、岗位聘任小组等。**党政联席会议**是院系最高决策机构，负责院系各事项的最终决策；**学术委员会**是院系学术事务的决策机构，负责院系学术规划、学术资格认定；**学位评定委员会**负责审议学位授予相关学术事务；**教学指导委员会**负责审议本科生、研究生课程设置、专业设置等有关事宜；**教职工代表大会**负责审议与师生切身利益相关的决策事宜；**岗位聘任小组**负责审议岗位聘任事务。

二、重大事务决策机制

学术事务是大学的核心业务，人才引进等队伍建设工作是保证大学运行的重中之重。复旦大学人才引进流程大致有：①院系学术机构审议。院系教授大会/学术委员会对申请人的条件进行评估，投票率不低于2/3为通过；②同行评议。院系邀请国内外同行专家(其学术职务不得低于申请人所申报的职务)3～5人组成评议小组，对申请人的学术水平进行评估；③院系党政联席会议撰写推荐报告。院系党政联席会议根据教授大会/学术委员会的评估意见、海内外同行专家学术评审/推荐意见，以及院系学科和队伍发展规划对申请人进行综合考察推荐，并拟写聘任报告、完备材料递交人事处。其中超出政策范围的，可提请学校新进教师聘用审批会议进行协商后洽谈；④人事处审核。院系聘任材料由人事处进行形式审核并拟文上报；⑤分管校领导审批。学科分管校领导及分管人事校领导对上报材料进行审批；⑥人才工作小组对新进教师聘用审议、批复。人事处根据校领导审批意见，将申请提交人才工作领导小组会议审批、批复，同时根据分管校长审批意见安排新进教师审批/协调会议审议、批复；⑦人事处发布书面决议通知。人事处依据人才工作小组会议批复通知院系或者根据新教师审批/协调会议决议书面批复用人单位。

三、治理关系与治理模式

(一) 校院两级治理关系

为贯彻落实党的十八届三中全会关于深化教育领域综合改革的精神,进一步加强学校治理体系和治理能力建设,充分调动校院两级办学积极性,全面提高教育质量和办学水平,加快建设世界一流大学。2014年10月,复旦大学启动推进校院两级管理体制改革,推进学校治理体系和治理能力现代化。早在2002年,复旦大学党委下发《关于印发〈校、院(系)两级管理调研报告〉的通知》,提出"通过改革,变现在的'集中管理'为'两级管理',管理重心下移,逐步形成校院(系)两级管理的现代大学内部管理体制"。"形成合理高效的院(系)行政架构和高素质的教职员工队伍","最终使院(系)成为拥有自主办学权力、充满活力和创造力的办学实体。"2011年学校推行了校、院系预决算管理改革,各类资金尽可能整合成"块"直接下达给院系,由院系自主统筹安排预算的资金分配,以增强院系办学自主权和办学活力,就是为了形成以"微观激活、宏观调控"为特征的校、院两级管理体制。

复旦大学在推进学校向下放权方面做出较多实践,目前学院在人事、教学科研、发展规划、财务等管理中具有较大自主权。①院系发展规划制定方面。学院可根据学校学科发展总体规划确定的目标、任务及要求,制定学科发展规划,框定人员总体数量范围,明确各类人才队伍的规模及结构。②院系财务管理方面。学校以目标为导向核拨办学经费,根据不同学科的特点和学院管理运行的实际需要,核定学院的基本运行经费、基本发展经费以及重点建设经费;调整学校财务管理、资产管理、科研管理、平台基地管理、创收和捐赠收入管理等政策,增强学院整体财力,支持学院对办学经费统筹实施自主管理。③院系人事管理方面。学校根据校内基本政策及校院两级人力资源规划,将各类岗位及相关资源整体配置给学院，学院在人力资源框架内，根据学校基本准入条件，自主开展教学科研人员聘任，自主使用学校整体下达的高级职务晋升名额，自主评聘七级及以下职员职级；增强学院统筹开展各类人才队伍培养的能力，支持学院自主开展青年教师和教学科研支撑队伍建设；加大岗位津贴浮动范围，整体下拨绩效奖励，优化科研项目间接经费和创新收入分配管理办法，扩大学院收入分配自主权。④教学科研管理方面。学院教学管理职责增强，在学校指导下完善培养方案、专业及学位标准，自主加强课程、教材建设；同时，学院在科研项目及经费管理中的具体职责也增强；学院可自主拓展国内、国际学生交流、师资交流和学术合作；从资产有效使用出发，区分不同类别、不同层次资产，学院有采购、使用和管理自主权。

同时，学校为加强校院两级联动，加强学院与学校间的互动，完善两者之间的关系，学校建立了校院两级统筹联动的管理运行体系，在管理监督、信息公开、考核评价体系以及党委巡视制度方面都进行了改革。

（二）院系内部治理关系

复旦大学各院系内部治理机构具有高度相似性，但在具体运行中，根据院系权力系统中居于主导地位对象的不同，复旦大学内部治理结构主要有三种模式：党政联席会议决策模式、教授决策模式、院长系主任决策模式。

1. 党政联席会议决策模式

复旦大学绝大部分院系将党政联席会议作为最高决策平台。大部分院系每1～2周召开一次党政联席会议，讨论学院重大措施、学科建设、人才培养、师资队伍建设、干部任命、财务预决算、酬金分配等。

以基础医学院为例，其领导班子在日常管理工作中能正常执行党政联席会议集体决策制度，并建立了定期召开学院党委会、院务会、党支部书记例会、党政联席(扩大)会等制度,坚持民主集中制,严格执行决策程序。复旦大学 24 个院系中有 20 个院系都主要采取了党政领导班子决策为主的模式。

2. 教授决策模式

复旦大学部分院系设立教授会,并以教授会为最高决策机构。教授会由学院全体教授及副教授组成,审议与学院学术发展相关的重大事项,包括学科规划、专业设置、职称评定、人才引进等议题。党政联席会议主要负责院系日常事务的讨论和通报。

以物理系为例,教授会设立明确章程,负责需要教授亲自执行的重大事项,包括职称评定、人才引进、学科规划、专业设置、招生计划、研究生岗贴及发表论文等事项的讨论。党政联席会议主要讨论学生交流、暑假班等事务。此外,经济学院实行教授决策为主决策模式,院学术委员会在决策中发挥重要作用,主要负责学术评估、学术考核、科研奖励制度制定、科研成果认证、资格评价等工作,党政领导与学术委员会决议冲突,以学术委员会决议为准。

3. 院长系主任决策模式

复旦大学部分院系虽然以党政联席会议为最高决策平台,但在实际决策中,院长/系主任发挥了主导作用。

以复旦大学管理学院为例,党政联席会议由院长主持。院长担任学科建设领导小组组长、专业学位指导委员会主任、高级职务聘任委员会主任、师资建设领导小组组长,负责学科改革中的重大问题和高级职务评定。教授评议会主席及副主席均由院长指定。此外,材料系也实行系主任决策模式,决策流程大致为:系主任提出总体思路,领导班子进行深入讨论,其他一般事宜由系主任决定。

总体而言,复旦大学在校院两级治理体系和管理体制中,采用统一领导与分级管理相结合的原则,充分调动了学校和学院两方积极性,激发学校和学院办学活力。在院系内部,党政班子决策占据主要地位,绝大多数院系都通过党政联席会议讨论和决定本单位事项。但教师在学术管理决策中也并没有缺位,院系基本设立教授会负责审议高级职务聘任、学院学科的总体规划布局、学术评价、学科发展等重大事务,同时设有学位评定委员会、教学指导委员会等专门委员会,在院系共同治理框架中具有重要的作用。

第二节　我国高校治理结构变革沿革与特征

高校治理体系的构建和治理结构的变革,不能脱离变革在社会历史和制度文化等诸多方面的时空嵌入性,历史的逻辑起点、利益相关者的特定结构关系、制度设计和安排等深刻影响着高校治理变革的方向和路径。

从中华人民共和国成立至今,我国高校外部治理体制经历了校务委员会制(1949—1950)、校长负责制(1950—1956)、党委领导下的校务委员会负责制(1956—1961)、党委领导下的校长为首的校务委员会负责制(1961—1966)、党委领导下的军、工宣队为主的革命委员会负责制(1966—1976)、党委领导下的校长分工负责制(1978—1985)、党委领导下的校长负责制(1985—至今)。

一、校务委员会制(1949—1950 年)

中华人民共和国成立初期,国际国内形势严峻且极其复杂,国家建设百废待兴。在改良主义思潮主导下,政府提出对高等教育领域提出"维持原有学校,逐步加以必要的与可能的改良"方针,对高校采取先接管、接受、接办,然后再加以改造。因处于由新民主主义向社会主义制度过渡时期,各项社会秩序逐步建立,高等教育制度也处于初创阶段。故此时实施的校务委员会制度具有临时性和过渡性:由校长、教务长、秘书长、各院院长、教师代表、学生代表组成的校务委员会作为全校最高权力机关，主持全校教务，商定学校重要事宜；校务委员会议事机制为民主集中制，由校长担任校务委员会主席，主席拥有最后决定权，并向上级主管机关负责。①

二、校长负责制(1950—1956 年)

1950 年 4 月，中国教育部规定凡是经教育部任命的高校，一律实行校长负责制；同年 8 月，中国教育部颁布《高等学校暂行规程》，明确规定高校实行校长负责制，明确校长代表学校，领导全校教学、科研及行政事务，领导全校师生、员工的政治学习，具有教职员工的任免权，对校务委员会的决议具有审批权。

《高等学校暂行规程》对于当时的大学内部治理体系有较为全面和系统的规定，主要集中在两个方面：一是明确了行政系统的权力运行机制，即在行政组织体系中实行校(院)长负责制，校(院)长代表学校；领导全校(院)一切教学、研究及行政事宜；领导全校(院)教师、学生、职员、工警的政治学习；任免教师、职员、工警；提名或任免干部；批准校(院)务委员会的决议。

二是对师生民主参与学校内部治理也作出了规定，即实行校(院)长领导下的校(院)务委员会制，其职权包括：审查各系及各教研组的教学计划、研究计划及工作报告；通过预算和决算；通过各种重要制度及规章；议决有关学生重大奖惩事项；议决全校(院)重大兴革事项。校(院)务委员会组成人员有校(院)长、副校(院)长、教务长、副教务长、总务长、图书馆长(主任)、各院(大学中的学院)院长、各系主任，工会代表及学生会代表，等等。

---

① 姚钦英.建国六十年来高校领导体制的演变与探索[J].思想政治教育研究,2010(2):6.

三、党委领导下的校务委员会负责制(1956—1961 年)

伴随社会主义改造的基本完成,中国共产党探索社会主义建设的不断深入,党的基层组织在高校的影响逐渐得到加强。全国高校院系调整时期,高校实行党组制,虽不领导行政工作,但在政治上发挥核心作用;1955 年,《关于学校教育工作座谈会的报告》发表,规定了学校党组织与行政体系之间没有领导与被领导的关系,但是双方应协同合作;1956 年,中国共产党第八次全国代表大会通过的党章规定"企业、农村、学校和部队的党的基层组织,应当领导和监督本单位行政机构和群众组织"。1958 年,中共中央、国务院关于教育工作的指示发出,进一步明确规定"一切教育行政机关和一切学校,应该受党委的领导,一切高校应当实行学校党委领导下的校务委员会制;一长制容易脱离党委领导,所以是不妥当的"。此时,高校由党委全面领导,学校重大事务由校长提交校务委员会讨论决定,并由校长组织执行;校务委员会由校长主持,但需在党委的领导下行使权力。

1959 年至 1961 年期间,国民经济遭受损失,为克服经济领域的困难,中共中央于 1960 年对国民经济实行"调整、巩固、充实、提高"的方针。我国基本实现了高等教育的社会主义改造,确立了中央集权管理的高等教育基本体制。

从外部治理来看,政府对高等教育的管理体现出强烈的自上而下管制的特点,政府与高校之间是简单的、单向的管理者与被管理者关系。内部治理基本遵照上级规定执行。

四、党委领导下的校长为首的校务委员会制(1961—1966 年)

与经济形势相呼应,1961 年 2 月,中共中央批转中央文教小组《关于1961 年和今后一个时期文化教育工作安排的报告》,提出文化教育领域要贯彻落实"八字方针";同年 9 月,中共中央批准试行《教育部直属高等

学校暂行工作条例（草案）》（简称"高教六十条"），提出"在高等学校中，必须加强党的领导，加强党和非党的团结合作"，规定"高等学校的领导制度，是党委领导下的以校长为首的校务委员会负责制"。

高等学校的校长，是国家任命的学校行政负责人，对外代表学校，对内主持校务委员会和学校的日常工作。设副校长若干人，协助校长分工领导教学、总务等方面的工作。根据工作需要，可设教务长和总务长，分管教学、总务工作。高等学校校务委员会由校长、副校长、党委书记、教务长、总务长、系主任、若干教授和其他必要人员组成，校委会成员由校长向学校党委员会提出名单，报教育部批准任命，正副校长担任校务委员会的正副主任。高等学校党委员会，是中国共产党在高等学校的基层组织，是学校工作的领导核心，对学校工作实行统一领导。

中华人民共和国成立初期，基本确定了党对高等教育的领导权，也构建起了校长负责的内部治理体系，还积极探索多主体参与的民主协商机制。可以说，对高等教育的社会主义改造是成功的，不仅强化了党委在高校内部治理体系中的领导作用，也同样强调了校长作为高校行政治理负责人的地位，能够保证校长在遵循党的基本办学方针的前提下相对自主地开展办学活动。与此同时，还强调和探索多主体参与的民主协商机制，这可以说是中国现代高等教育发展的一大进步，描绘了我国高等教育内部治理体系的基本图景，即在坚持党的领导的前提下，强调和保证校长的办学主体责任，并积极探索多元治理和多主体参与的内部治理体系（宣勇、伍宸，2021）。

五、党委领导下的军、工宣队为主的革命委员会制（1966—1976 年）

1966 年开始长达十年左右，中国高等教育几乎一度陷入瘫痪状态，高校内部治理体制也陷入停滞或半停滞状态。1968 年 8 月，为将大中城市的大、中、小学管理起来，中共中央、国务院、中央军委等发出《关于派

工人宣传队进学校的通知》，据此，各城市的大、中、小学普遍进驻了工宣队和一些军宣队。1971 年 8 月，中共中央批转了《全国教育工作会议纪要》，该《纪要》错误地做出了"两个估计"，从这"两个估计"出发，会议确定"工宣队"长期领导学校、大多数知识分子到工农兵中接受再教育，选拔工农兵上大学、管大学、改造大学、缩短大学学制等。

六、酝酿与讨论过渡阶段（1977—1978 年）

从 1977 年到 1978 年，高等教育改革经过一个短暂时期的酝酿与讨论。1977 年 8 月，邓小平在科学和教育工作座谈会上的讲话《关于科学和教育工作的几点意见》中指出，教育工作"需要有一个机构，统一规划，统一调度，统一安排，统一指导协作"。以此讲话为转折点，高等教育改革和发展步入美好的春天。

七、党委领导下的校长分工负责制（1978—1985 年）

党的十一届三中全会决定将全党的工作重点转移到社会主义现代化建设上来，并作出实行改革开放的重大决策。改革开放的顺利推进需要有人才与科技作支撑，为此亟须恢复正常的高等教育办学秩序，高等教育事业也因此在国家和社会各界的关心支持下得到突飞猛进的发展。

国家开始出台系列高等教育政策及法规，高校层面也开始逐渐探索内部治理结构。1978 年，教育部修订于 1961 年颁布的"高教六十条"，即《全国重点高等学校暂行工作条例（试行草案）》。该条例指出"高等学校的党委委员会，是中国共产党在高等学校中的基层组织，是学校工作的领导核心，对学校工作实行统一领导"，高校应在坚持党委的领导下，采取校长分工负责制。在此基础上，1983 年 5 月，全国高等教育会议提出恢复校务委员会；1984 年 12 月，教育部党组下发《关于高等学校试行设立校务委员会的通知》，正式宣告高校恢复校务委员会作为学校议事机构的定位与作用。

八、党委领导下的校长负责制、部分院校试行校长负责制（1985—1989 年）

为改变高校党委包揽一切工作的状态，集中精力做好高校思想政治与党建工作，中宣部与教育部于 1984 年 10 月召开九省市高等学校校长负责制试点工作座谈会，确定北京师范大学等 15 所院校试行校长负责制。1985 年 5 月，《中共中央关于教育体制改革的决定》（简称《决定》）拉开了第一轮高等教育管理体制改革的帷幕。《决定》指出："学校逐步实行校长负责制，有条件的学校要设立由校长主持的、人数不多的、有威信的校务委员会，作为审议机构。"1986 年 3 月 12 日，国务院发布《高等教育管理职责暂行规定》，具体规定了各级政府部门管理高等教育的主要职责以及高校的管理权限，随后推出了相应的改革举措。加强了对高教改革的宏观指导和管理，这一轮改革拉开了高等教育管理体制改革的大幕。为进一步巩固和推进座谈会及《决定》提出的实行校长负责制，1988年 4 月，原国家教委下发《关于高等学校逐步实行校长负责制的意见》鼓励高校进一步理顺内部党政关系，并确定了 103 所高校实行校长负责制的试点工作。高等学校实行校长负责制的方向必须明确，态度要坚定，步子要稳妥。已经实行校长负责制的学校，要认真总结经验，逐步完善这一领导体制；尚未实行校长负责制的学校，要进一步理顺党政关系，加强行政组织职能，积极创造条件，条件成熟时，改行校长负责制。至此，基本确立了校长负责制的基本领导体系。明确了教育管理机构的职责，扩大了高等学校的自主管理权限。

九、党委领导下的校长负责制（1989 年至今）

1989 年后，国家重新意识到高校基层党委的领导核心作用，在当年召开的全国高等教育工作会议中强调，要加强党在高等学校中的领导作用，提出党委领导下的校长负责制更适合我国国情与高校实际工作的需求。1989年8月，中共中央政治局举行全体会议，讨论并通过了《关于加强党的建设的通知》，规定高等院校实行党委领导下的校长负责制。试行校长负责制的范围不再扩大。已经试点而收效较好的高校，可以继续试验。无论实行何种领导体制，党委都是学校的政治核心，全面领导思想政治工作，管理干部，同时支持行政领导独立负责的工作，力戒包揽行政事务。进一步明确高校领导体制为党委领导下的校长负责制，明确党委是高校的政治核心，全面领导思想政治工作，支持行政独立开展工作。1990年7月，中共中央颁布《关于加强高等学校党的建设的通知》，再次明确高等学校实行党委领导下的校长负责制，并明确高校党委的职责。1996年4月，《中国共产党普通高等学校基层组织工作条例》将党委领导下校长负责制这一领导体制政治制度化。国家又陆续发布《中国教育改革和发展纲要》《关于新形势下加强和改进高等学校党的建设和思想政治工作的若干意见》《关于进一步加强直属高等学校领导班子建设的若干意见》等文件，对"党委领导下的校长负责制"进行强调和完善。至此高校内部管理体制结束两制并存状态，全面实行党委领导下的校长负责制。

1998年8月，中华人民共和国第九届全国人民代表大会常务委员会第四次会议通过了《中华人民共和国高等教育法》，以立法形式明确了"国家举办的高等学校实行中国共产党高等学校基层委员会领导下的校长负责制。中国共产党高等学校基层委员会按照《中国共产党章程》和有关规定，统一领导学校工作，支持校长独立负责地行使职权"。2022年新版的《中华人民共和国高等教育法》修订版发行，根据2015年12月27日第十二届全国人民代表大会常务委员会第十八次会议《关于修改〈中华人民共和国高等教育法〉的决定》第一次修正，2018年12月29日第十三届全国人民代表大会常务委员会第七次会议通过"关于修改《中华人民共和国劳动法》等七部法律的决定"，依然保持"党委领导下的校长负责制"这一规定。

2013 年颁布《中共中央关于全面深化改革若干重大问题的决定》和 2019 年颁布的《中共中央关于坚持和完善中国特色社会主义制度、推进国家治理体系和治理能力现代化若干重大问题的决定》确立了"全面深化改革的总目标",将"治理体系和治理能力现代化"问题提到国家战略的高度,强调"更加注重改革的系统性、整体性、协同性",为探索中国高等教育治理现代化问题指明了方向。发布的《中国教育现代化 2035》和《加快推进教育现代化实施方案(2018—2022 年)》提出了"教育治理体系和治理能力现代化",要求"提升政府管理服务水平,提升政府综合运用法律、标准、信息服务等现代治理手段的能力和水平",同时要求"完善学校治理结构""推进学校治理现代化"。

中央集权的政治体制保证了高等教育外部治理体系的全国一致性与统筹集成性。政府统筹协调、社会积极多元参与的外部治理模式调动了社会力量参与大学治理和办学的积极性。"党委领导、校长负责、教授治学、民主管理"的内部治理体系既保证了我国高等教育的正确发展方向,又能在极大程度上保证高校办学自主权,在一定程度上调和了行政权力与学术权力之间的矛盾。在独特的中国优势体制下,建立中国特色高等教育治理体系,中国探索方兴未艾。

第三节　我国高校治理结构变革的现实困境

我国高校治理结构困境主要表现为大学内外部关系的问题。我国大学外部治理关系问题表现在政府与大学关系的管控——依附性、治理结构的封闭——内控性上;内部治理关系问题表现在决策机制的集权性、行政管理权力泛化、学术民主管理机制不健全等方面(刘红光,2020)。一是学校与外部的关系,如高校与政府的关系,政府对高校管控过多,高校办学自主权不够;高校与社会的关系,社会在高校治理中发挥作用不够。二是学校内部"校-院-系"三级管理架构间的权力关系,权力集中在顶层,基层组织办学自主权不够。学校、院、系权责不对等,院系权力小责任大,纵向信息传递渠道不够畅通导致信息传递过程受阻,等级秩序和层次观念浓厚[1]。周光礼也在《中国高等教育治理现代化:现状、问题与对策》一文中指出,公办高校权力集中在学校高层,基层学术组织缺乏办学自主权。三是学校内部党委、行政、学术三大主要权力间的关系,三者间的权力配置要逐步找寻动态平衡点,党委主导行政权力、学术权力、行政权力干预学术权力等。学院层面权力集中化、学术共同体碎片化。四是其他权力主体与主要权力主体的关系,学生、校友、捐赠者等其他利益相关者参与渠道与机制缺失。在具体事务决策和执行过程中也存在诸多问题。避免造成高校行政效率低下问题、积极性的激励问题,党委与行政之间就重大事项决策不能主观随意,要共同治理,避免精英治理。

院系内部治理方面,学院内部权力边界不清,缺乏相应议事制度:一是制度体系匮乏与顶层设计缺失;二是治理重心有限下移与院系接管乏力;三是院系党政权责模糊与"两张皮"现象;四是学术权力的复归与民主权利的弱化、行政权力与学术权力失调等。当前我国高校院系层面内部治理结构基本合理,参与高校院系内部治理热情高涨和消极并存,认识呈现分化态势比较明显。从认知层面看,无论是制度层面还是学院权力决策机构状况,抑或是院长产生机制及改革、"共享参与式"治理状况、权责划分及改革措施实施状况、学院内部治理结构运行状况,都存在较多的认知欠缺。

无论是理论研究还是实证研究,相当多的资料和数据显示,我国高校治理结构中存在的问题主要表现为三个方面,一是在校院关系中,学校层面掌握较大权力,院系办学自主权还不够,学校和院系之间权责利

---

① 湛中乐. 中国大学引入董事会(理事会)制度的思考[J]. 教育研究,2015,36(11):38-40.

关系仍需进一步梳理并明确;二是在高校内部权力主体间的关系中,党、政、学三者间职权尚不够清晰,党委系统干预行政系统,行政系统干预学术系统现象较为普遍。三是在学生、社会等主体参与院系治理方面,制度供给缺乏、参与治理的渠道和方式较少,参与程度还不够。

第六章

我国高校共同治理结构变革路径及建议

我国高校共同治理结构变革路径,可以从日常事务治理入手,通过"需求侧改革",提升"治理能力",倒逼"治理体系"变革。换言之,它将传统"由治理体系到治理能力"反转为"由治理能力到治理体系",即以治理"运行求治"促治理"结构求变",也可概括为"以治促变"(眭依凡,2020)。

第一节 核心路径:加强高校党委
领导的核心作用

加强党委的领导,保证党组织在院(系)的政治核心地位。加强党的领导是完善院系内部治理关系的前提。同时,加强党对高校工作的全面领导,也是中国特色现代大学制度的本质要求。

我国高校院系领导体制经历了数次转变,且院系领导体制的变化几乎都是在学校领导体制变革的背景下进行的。而几乎与其相对应的院系领导体制也经历了系主任(院长)负责制(1949—1956)、系党总支委员会的系务委员会制(1956—1961)、系党总支委员会保证和监督下的以系主任为首的系务委员会负责制(1961—1966)、军、工、宣为代表的三结合领导小组负责制(1966—1976)、系党总支委员会领导下的系主任分工负责制(1977—1983)、系主任负责制(1983—1989)、党政联席会议制

（1990—至今）。

《中国共产党普通高等学校基层组织工作条例》聚焦解决高校党的领导弱化、党的建设缺失、全面从严治党不力等问题，对于院系治理机制也做了相应的规定（管培俊、阎凤桥、曹晓婕，2021）。党组织应当发挥政治核心作用，《中国共产党普通高等学校基层党组织工作条例》明确院（系）级单位党组织的主要职责为六个方面：一是宣传、执行党的路线方针政策及学校各项决定，并为其贯彻落实发挥保证监督作用；二是通过党政联席会议，讨论和决定本单位重要事项。支持本单位行政领导班子和负责人在其职责范围内独立负责地开展工作；三是加强党组织的思想建设、组织建设、作风建设、制度建设和反腐倡廉建设。具体指导党支部开展工作；四是领导本单位的思想政治工作；五是做好本单位党员干部的教育和管理工作；六是领导本单位工会、共青团、学生会等群众组织和教职工代表大会[①]。党组织的政治核心地位决定党委在院（系）的职能是社会主义方向上的监督与保障职责，院（系）内部思想政治教育职责以及院（系）内部组织建设职责。

第二节　基础路径：厘清高校共同治理关系及定位

一、内外部治理结构

"治理结构"的概念由威廉姆森于 1975 年提出（Williamson，2002），最先应用在企业管理、经济制度分析中。胡春华认为，治理结构的内涵包括三方面：第一，治理结构是一种制度安排。治理结构是

---

① 中国共产党普通高等学校基层党组织工作条例［EB/OL］. http://www.kfu.edu.cn/zzb/info/1021/1056.htm

建立在组织的所有权和控制权分离基础上的产权制度设计,其作用是支配和协调组织中的重大利害关系的投资者、管理者和职工之间的利益关系,从而实现联盟的经济利益。第二,治理结构是一种权力制衡机制。治理结构既要对各利益主体赋予相应权力,规范各利益主体行使独立权力的范围和限度,同时对各种权力之间的相互制约和监督作出规定,防止权力滥用。第三,治理结构是一种决策机制。治理结构是对组织中没有初始合约明确规定的问题进行决策的一个决策机制(胡春华,2008)。

治理和治理结构的概念具有明显的不同。从严格意义上说,治理是指通过一系列方式与策略动员资源以实现组织的使命,强调动态制衡的过程。治理结构偏向于从静态的角度规范组织内部的权力配置机制,强调组织内部分权与制衡的关系。

治理和治理结构密不可分。凡有组织就有治理,凡有治理就有治理结构。治理结构包括外部治理结构和内部治理结构。内部治理结构是指组织内部的各种治理主体之间的相互关系,治理主体与治理客体之间的相互关系;外部治理结构是指组织外部各种治理主体的相互关系和外部治理主体与组织之间的相互关系。组织内外治理结构之间相互影响,外部治理结构必然对内部治理结构产生多方面的影响。

二、高校治理结构及内外部关系

(一) 高校治理结构内涵

从治理视角来研究高等教育问题始于 2004 年。在我国,张维迎教授是较早提出"大学治理结构"的学者之一。他认为,任何一个组织都有一个治理问题,学校也不例外。大学的目标和理念一定要通过一整套制度安排来实现,这些制度安排就是大学治理结构,就是大学的治理

(University Governance)。大学治理结构必须平衡所有利益相关者的利益(张维迎,2005)。赵成、陈通认为,大学治理(结构)"不仅包含一套正式的制度安排,给出大学各利益相关者的关系框架","同时也包含非制度的文化理念,它由正式制度滋养,并填补制度空缺"。从纵向层次,可分为外部治理结构和内部治理结构,全面把握大学治理必须兼顾内外两个方面(赵成、陈通,2005)。甘永涛也认为,大学治理结构是对各种治理要素按一定规则的排列组合。治理要素分为外部治理(市场)、内部治理(大学)和第三方治理(政府)(甘永涛,2007)。龚怡祖认为,大学治理结构应该体现其"非单一化组织"属性和委托代理关系特点的决策权结构,旨在满足其治理"冲突和多元利益"的需要(龚怡祖,2008)。

综上,高校治理结构是指在一定的制度环境中,为实现大学的目标和理念,依据大学治理的特性所形成的,平衡大学内外各利益相关群体权益并实现有效参与大学重大事务决策的权力配置和制度安排。

(二)高校内外部治理结构

正如英国高等教育学家阿什比所说:"任何类型的大学都是遗传和环境的产物"。高校治理结构也一样,并不是一个抽象的理论存在,而是特定历史时期和环境的产物,是在一定条件下的客观实在。高校治理结构既有其他组织治理结构的共性特征,同时,每所大学在每一特定时期的治理结构又具有一定的独特性。"脱离历史发展和文化环境的条件限制,就不可能真正理解大学治理结构的本质"(熊庆年、代林利,2006)。

高校治理结构分为高校外部治理结构和高校内部治理结构两方面,即政府、社会与高校关系及高校内部治理要素的关系。高校外部治理结构是建立在大学与政府、社会之间的制度安排。高校内部治理结构则是指大学自身层次的制度安排和设计,主要表现为大学内部组织机构的设置、隶属关系和权限划分等。姜继为、韩强认为，从狭义上来说，高校的治理结构主要包括大学的各治理主体之间的相互关系和大学治理主体与大学治理客体之间的相互关系；从广义上来说，高校的治理结构包括大学治理主体、治理客体、治理活动、治理关系以及程序、方法、行为等内容(姜继为、韩强，2009)。何小芳认为，大学治理结构是对大学内外部利益相关者的权力与关系进行规划、协调、制衡、管理的一种制度安排。大学治理结构必须兼顾内外两方面的关系，在外部，要处理好与政府、社会的关系，做到相互独立而又不失联系，在内部，要处理好行政权力和学术权力的分配等内部复杂关系，实现科学管理制度(岳鹏飞，2011)。赵博颉认为，大学内部治理结构主要是指大学内部各种管理权力的结合。一般来讲包括学术权力和行政权力两部分。总体来说，我国高校内部治理结构改革的关键是要处理好党委权力、行政权力和学术权力的关系(赵博颉，2005)。蒋颖认为，大学内部治理结构主要是指大学内部的各种管理权力的结合，它从本质上讲是一种大学内部的制度安排(蒋颖，2010)。胡春华认为，大学内部治理结构的要素包括治理主体(参与治理的主体)、治理客体(治理的对象和范围)和治理手段与机制三个方面(胡春华，2008)。顾海良认为，大学内部治理结构是大学内部利益相关者之间，各种权力的分配、制约和利益实现的制度规定和体制安排，集中体现大学管理体制、运行机制及其规制的主要特征和基本要求。

党的十八届三中全会特别指出，要"完善学校内部治理结构"；刘延东也指出："要建设中国特色现代大学制度，形成新型的大学内部治理关系"，认为当前我国僵化的高校内部治理结构已经成为制约提升高等教育质量的桎梏。故高校内部治理结构研究如火如荼，所谓高校治理结构就拘泥于内部治理结构，忽视了政府、社会与高校等外部关系治理的重要性。另外，我国高校内部治理结构在调整与完善的实践过程中仍存在着诸多的矛盾与冲突，如行政权力与学术权力界限在治理结构的不同层级之间不清不楚地纠缠,对改革的路径和策略尚不太明晰,难以寻求到合适的切入点和抓手等(别荣海,2016)。

大学理事会或董事会是高校治理结构的核心,既是大学内部治理的核心领导机构,也是连接外部治理结构的重要媒介。一般认为,大学内部权力主要包括决策权力、行政权力、学术权力、民主权利,在我国还包括了政治权力。设置怎样的组织机构以实现大学内部权力的优化配置,是构建和完善大学内部治理结构的前提。

第三节　探索路径:试行党委领导下决策性理事会制度

"什么样的制度才能保证大学目标和理念实现?"(张维迎,2004),大学的中枢决策部门的运行直接影响高校的运行效率。而在世界一流大学的治理结构中,理(董)事会即是其中枢决策的核心。之所以提出理(董)事会进入我国公立高校治理结构,是由于我国现有的党委领导下的校长负责制使校董会体制普遍存在着游离于高校治理结构之外的现象。一方面,是由于缺乏明确的法律地位,我国公立高校的权力结构对校董会普遍存在着身份排斥,以至于董事会在高校中失能失效、名存实亡;另一方面,由于董事会在高校里尚具有一定的"装饰性作用",某些权力主体又愿意维持它在形式上的存在。

对于世界一流大学,董事会是大学独立的根本保障。在中国,大学行政化的根本原因是原有的计划式管理。如何让政府放手让大学发展?只有建立健全董事会制度,使政府通过任命大学理(董)事会董事的方式,间接参与大学管理。从西方大学的发展来看,大学理(董)事会是大学与政府和社会矛盾冲突的缓冲器,大学理(董)事会保证了大学的相对独立,也就保证了学术的自由。大学理(董)事会是大学与社会建立合作关系的桥梁和纽带。现代大学已不再是远离社会的象牙塔,俨然成为社会的轴心机构,大学的事已不可能由大学内部的教职员工说了算,社会各界人士参与大学的治理是国外大学的共同特征,是现代大学制度的共性,大学理(董)事会制度是社会各界人士参与大学治理制度的保障。同时大学理(董)事会又是大学加强与社会的联系,发挥服务社会功能的制度保障。大学理(董)事会制度已经成为现代大学制度的重要组成部分,建立健全大学理(董)事会制度是建立中国特色现代大学制度必不可少的组成部分。

《国家中长期教育改革和发展规划纲要(2010—2020 年)》明确指出要探索建立高等学校理事会或董事会,健全社会支持和监督学校发展的长效机制。探索高等学校与行业、企业密切合作共建模式,推进高等学校与科研院所、社会团体的资源共享,形成协调合作的有效机制,提高服务经济建设和社会发展的能力。加强大学与社会的合作与联系,大学理(董)事会制度是根本保障,也是完善大学治理结构中最重要的内容,没有社会人士参与的大学理(董)事会的治理结构就是不完善的,可以说,大学理(董)事会建设是现代大学制度的核心内容,研究如何建立和完善大学理(董)事会是建立现代大学刻不容缓的重大需要。

完善的治理制度是保障大学生命力的主要路径。大学治理决策机构能够应对多元利益与冲突,并将决策权和控制权在不同的治理主体手中进行合理分配(龚怡祖,2009)。妥善处理多元利益主体诉求,实践共同治理,将有助于大学目标和理念的实现。而在共同治理视阈下,高校理事会制度建设是高校内部治理结构变革的关键一环。随着《普通高等学校理事会规程(试行)》(以下简称《规程》)颁布实施,进一步梳理高校理事会制度建设现状,借鉴国外大学董事会运行经验,将有助于推进我国高校理事会制度深化改革。

一、我国高校理事会治理结构探索

我国公立大学理(董)事会如要真正像西方大学董事会一样发挥功能,必须重塑其治理地位。要改革,就要突破,就需要大胆尝试探索多元的高校内部治理模式,坚持党的全面领导。在《对 NGO 的展望》一文中,谢遐龄教授呼吁从社会学视角理解中国共产党的党建,谢教授得出的结论是:"中国社会是伦理社会这一命题的内涵是,党组织与社会之一体性,或者说党组织是社会之主干……",其观点的创新性似在于启发"党组织探索领导社会事业的新方式"(范丽珠,2003),这恰恰对我国大学的治理结构具有突破意义。

(一) 确立公立大学理(董)事会在党委监督下行政事务上决策地位

在《规程》中明确规定了理事会是:根据面向社会依法自主办学的需要,设立的由办学相关方面代表参加,支持学校发展的咨询、协商、审议与监督机构,是高等学校实现科学决策、民主监督、社会参与的重要组织形式和制度平台。这里的理事会地位还比较模糊,笔者认为可以在此基础上进一步确立公立大学理事会是处理学校行政事务的最高决策机构。这样设置可避免理(董)事会成为虚设,保证了实权在握。党委作为高校的政治核心,把握高校办学的科学性与方向性,但不直接参与理事会的决议。作为上级监督部门对理事会的决议进行支持、质询、复议或否决。而理事会在党委的领导和监督下自主地按照规章处理决策校内外行政事务。

(二) 下设多职能委员会执行具体任务

理(董)事会仅作为决策系统,并不负责具体执行与实施。下设各种委员会作为执行机构,分别负责各种事宜,有效避免各理(董)事之间相互推卸责任,并充分利用各理事的优势,从而提高办事效率。根据大学各自的实际情况设立发展委员会,负责制定学校发展目标与政策;财务与投资委员会,负责捐赠与资金使用事项;学术委员会,负责提出学术政策、引入一流高校教学资源以及与教师代表举行会议;学生事务委员会,负责制定有关学生生活与纪律等方面的规定,重视及时吸收学生群体的意见……校长作为学校的最高行政事务长官,负责协调理(董)事会与下设各委员会的相互协调与职责衔接。

(三) 根据实际情况规划理(董)事会规模与结构

首先,规模缩小化。一般而言,人员规模应控制在 25 人以内为宜。因为成员越多,越容易产生分歧和异议。正如达特茅斯学院校长恩纳斯特·马丁·霍普金斯(Emest Martin Hopkins)所言,随着董事人员的增加,"董事会依据各自的才能"来表达各自的意见,"他们的主张逐渐增多,多到有多少个董事会成员就有多少个不同的提案"(罗纳德·G. 艾伦伯格,2010),决策组织只有保持在合理的规模之内,才能保证灵活、高效的决策力,否则就出现"众口难调""尾大不掉"的情况。即决策事项在众多的理(董)事会成员中产生巨大分歧时,难以达成一致,就会使理(董)事会权力被稀释,甚至出现真空。其次,仅保留自然人董事,将董事单位转变为合作单位。为了优化董事会"小而精"的治理结构,要避免董事单位成为董事成员。这是由于董事单位并不像自然人那样具有独立的思维与感情,要参与理事会的活动需要临时选派自然人作为代表,而这些临时代表本身对于大学的关心程度以及决策能力各不相同,使得理事会的决策能力缺乏稳定性。故在董事会中只保留来自不同行业的自然人董事,最大限度地形成利益代表多元化的格局,提高理事成员的代表性。最后,理(董)事会具有校长遴选权。校长由理事会成员公开遴选,保证了校长对理事会负责。理事会内设监督理事 1 名,执行理事长 1 名,执行副理事长 1 名,秘书 1 名。其中党委书记与校长为当然理事,党委书记担任监督理事,有利于贯彻党的领导,民主地参与并监督理事会的决议。规定政府与社区成员(除当然理事外)不超过 25%,由政府部门推荐或自荐,主要由教育行政部门官员或学校所在社区人员担任,确保将高校发展与区域发展相结合。另外,工商界代表与校友共占50%,致力于为学校与社会保持密切联系,以及吸引校外投资或捐赠,保障学校的资金流;学界与本校教授约占25%,保证学校围绕学术自由发展,以及确保教授对学术工作拥有自主权,避免被行政权力"捆绑";考虑到学生缺乏学校治理的经验以及巨大的流动性,故不设学生代表。理(董)事会的具体治理架构如图6-1所示。

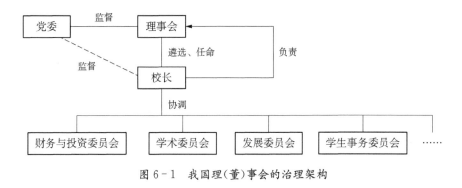

图6-1 我国理(董)事会的治理架构

二、高校治理建设路径——"党委领导下的参与决策型"理事会制度模型设计

近年来,我国高校在理事会制度方面进行了有益尝试,如西湖大学实行董事会领导下的校长负责制;在党委领导的校长负责制前提下,南方科技大学尝试实行理事会治理制度,理事会作为校决策机构[①]。普通高校在建立或调整理事会制度之前,必须先解决好两个问题,既要避免将缺乏专业背景的政治或资本力量引入;还要避免"中途嫁接"所产生的"因社会关系和不便挑战原有权力资源关系,倚重原有管理层的意见,而导致徒然在制度结构上叠床架屋"(湛中乐、苏宇,2011)。解决好这两个问题的先决条件是必须转换治理思路,激发理事会治理活力。

[①] 见《南方科技大学章程》第六条、第二十七条。

(一) 探索构建"党委领导下的参与决策型"理事会

当前我国高校理事会运行较松散,职能较虚化,在大学治理进程中发挥作用有限,总体呈现"参与型理事会"的运行特色。如何避免虚设?需逐步推动高校理事会角色转型,由"参与型"逐步转变为"参与决策型"。可探索构建"党委领导下的参与决策型"理事会,党委作为高校政治核心,把握高校办学方向与运行科学性,但不直接参与理事会决议。理事会在党委领导下,按照规章决策与监督学校发展的一定事务。有人担心这会对党委领导下的校长负责制引发挑战,也可能引起目前大学法人治理结构中实权向理事会交割。实际上理事会制度引入有助于加强和创新党的领导方式。如国有企业在建设现代企业制度中,董事会制度既提高了企业发展效率,也巩固了党的领导地位。

坚持党的领导,在党委领导下的校长负责制与更好地发挥理事会功能之间寻求制度效益最大化,构建党委领导下的参与决策型理事会拟从三方面着手,具体如图 6-2 所示。

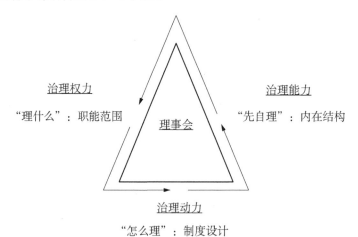

图 6-2 "党委领导下的参与决策型"理事会建设路径①

---

① 王佳,吕旭峰,翁默斯. 让理事会真正"理事儿"——美国大学董事会的启示[J]. 高等工程教育研究,2020,(01):137-141.

1."理什么":明晰理事会参与决策的职能范围,明确治理权力

《规程》将公办高校理事会定位为"高等学校实现决策民主、民主监督、社会参与的重要治理主体和组织形式",以及社会参与高校办学、扩大高校与社会联系、合作的制度平台。但缺乏对理事会具体职能的清晰界定,权力也较为局限。"《高教法》规定,国家举办的高等学校实行党委领导下的校长负责制。公办高校理事会的定位既要遵循法律规定,又要考虑事业单位改革的原则与要求,适应建设现代大学制度的需要。"(教育部政策法规司,2014)

只有真正赋予理事会治理权力,才能更好地推动大学共同治理进程。在已有规定之下,大胆创新,明晰并在一定程度上扩大理事会职责范围,赋予其在学校发展重大事项中一定的决策权。在学校领导层建设方面,赋予理事会参与校长及主要校领导遴选的权力,如可提名(副)校长候选人;在推动与社会、企业合作方面,特别是涉及产学研重要方案与协议,可交由理事会进行决策。设立理事会的高校,应在党委领导的整体框架下,理顺校长与理事会之间的权责,分列权力清单,避免权力交叉、职责模糊,使两者在擅长领域发挥各自作用,迸发活力。

在中国特色一流大学治理结构的体系架构(见图6-3)中,完善参与决策的制度设计,彰显理(董)事会作为社会权力在个体权利中与党政权力、学术权力、民主权利发挥重要的作用。

2."先自理":厘清理事会内部结构,提升治理能力

卓越治理能力依靠合理结构。理事会发挥作用,先要解决好成员规模及组成问题。根据高校实际情况进行三方面规划。首先,控制规模。因成员越多越容易产生分歧和异议,决策组织只有保持在合理规模之内才能保证灵活、高效的决策力。其次,仅设自然人董事,将董事单位转为合作单位,提高理事成员的代表性、提升理事会议事能力,有利于多元利益主体意见汇集与可持续性表达。最后,成员组成要体现利益主体多元与均衡,应包括办学主体代表、学校代表(含教职工、学生)(考虑到学生流

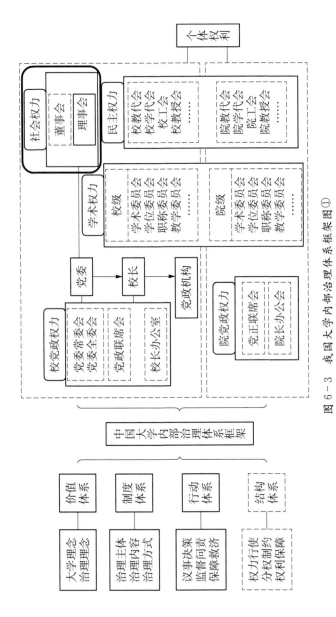

图 6-3 我国大学内部治理体系框架图①

① 张衡,眭依凡. 中国特色一流大学治理结构:理论基础,体系架构,变革路径[J]. 中国高教研究,2020,(03):14.

动性,视情况而定)、社会知名人士代表等。社会选拔可优先从校友中推选,校友理事会成员会不遗余力地为学校发展贡献力量。

3."怎么理":完善参与决策的制度设计,激活治理动力

一方面,理事会仅作为参与决策系统,不负责政策执行与具体实施。因此,下设各委员会作为理事会决策的执行机构,分别负责学校不同领域的工作,有效规避理事间相互推诿,充分发挥优势,紧密配合,提高办事效率。可根据实际情况设立学校发展委员会,负责学校整体发展目标、方向的把握与规划;财务委员会,负责广泛筹措办学资源与合理分配资源;学术事务委员会,负责规划学术资源的吸收与流动,及时吸收教师群体的意见;学生事务委员会,负责制订有关学生学习、生活与纪律等方面的规定,及时吸收学生群体的意见。校长作为学校行政运行总负责人,协调理事会与各下设委员会职责衔接。在这一过程中,加强理事会与其他校内治理主体交互对话,并形成长效机制。

另一方面,加强动员社会力量有序参与学校治理,进一步发挥理事会密切联系社会关系职能,吸纳重要社会力量支持学校发展。我国《国家中长期教育改革和发展规划纲要(2010—2020 年)》指出:"探索建立高等学校理事会或董事会,健全社会支持和监督学校发展的长效机制。"总体原则是,在坚持党委领导下的校长负责制前提下,适度借鉴国外优秀董事会治理经验,吸纳校外杰出人士参加学校最高决策机构,共同治理高校,实现多元利益共赢的局面(刘宝存,2007)。

(二)加强立法提升高校理事会法律地位

美国董事会最初根据特许状成立,并受州宪法、普通法规、州立法机关制定的相关法规制约(蓝静,2012),正是由于完备法律规定的"保驾护航",美国大学董事会运行良好。《规程》作为我国高校理事会纲领性文件,鼓励高校探索理事会建设,但具体措施与管理规章并未出台,详细运行规则、代表选拔机制仍需各学校通过理事会章程予以规定。这样虽给予理事会运

行提供了一定空间,但操作性上缺乏明确的法律规定,一定程度上会造成执行虚化。《规程》指出,"明确理事会在学校治理结构中的作用、职能,增强理事会的代表性和权威性"[①],保障理事会治理权力必须来源于法律及相关制度的规定与赋权,明确理事会参与现代大学制度建设的深度与广度、权力的虚实与大小,才能保障高校理事会制度的健康生长。

我国高校建立现代大学制度应将建章立制摆在重要位置,通过细化法规、制定章程让大学理事会建设与运行具有法理性、权威性、可操作性。赋权的同时应健全相关组织制度,如理事会成员聘用、任期与退出的规定,以及激励、约束机制。各高校应根据历史情况、现有条件及发展需求,制定理事会章程。

在全球化进程下,大学所承载的各种相关者的利益、诉求和旨趣与日俱增(欧阳光华,2011),迫切需要共同治理理念为高校发展提供新思路、拓宽发展路径。发展高校理事会,应突破现有制度路径依赖,探索党委与理事会新型关系,可探索实践党委领导下的参与决策型理事会。一方面给予理事会发展空间,创新治理结构;另一方面拓展党委领导新方法新路径,强化与优化党委领导方式。引入多元化共治模式以激发潜在活力,治理结构研究和治理模式探索将是一项庞大而复杂的研究课题,我国大学理事会探索与建设才刚启程。

第四节　内在路径:高校院系治理结构变革路径

一、理顺校院两级关系,完善院系外部纵向分权机制

校院关系是院系治理的重要内容,它不仅影响院系办学自主权大

---

① 见《普通高等学校理事会规程(试行)》第二条、第三条。

小,也影响了院系内部权力配置,是院系治理结构中十分关键的要素。院系作为"底部沉重"的组织,承担了大学人才培养、科学研究、社会服务以及文化传承的重要使命,理顺校院两级关系对院系和学校发展都至关重要,一方面,有利于平衡院系内部学术和行政的关系,使两者协同运作;另一方面,有利于学科资源整合,提升教学质量和学校竞争力。权力在校院两级间合理配置,是推进"院系办大学"的前提,也是建设中国特色现代大学制度的应有之义。理顺校院两级关系,可从明确校院两级权责利关系,完善学校向院系的授权机制,完善学校对院系的考核机制以及推进"一院一策"实施四个方面着手,从而激活院系参与学校发展的主动性及自主办学活力,提升院系治理能力并实现院系个性化发展,从而推动"院系办大学"愿景的实现。

(一) 制定校院权责清单,明确学校和学院的权责关系

扩大院系办学自主权,推进"院为实体"改革的第一步需要学校部处机关自上而下地梳理权责清单,权责清单中将人、财、物等基础性资源与事权相结合,明确学校和院系各自责权事项。将具体权责事项分为已下放、拟下放、不下放三个层面进行公示,使学校相关部门和各院系能够明晰自己所掌握的权力和无法争取的权力,从而合理控制院系的非理性需求以及院系与学校"零和博弈(zero-sum game)"。

(二) 完善授权机制,推进"校办院"向"院办校"转变

学界为何反复提出且直到目前还在提出要扩大院系办学自主权,实现学院办大学,该观念持续到今天有多重依据。一是法理依据。"院为实体"是指学院为拥有二级法人资格的实体性学院。二是政策依据。党的十八届三中全会提出高校要实现管办评分离,扩大学校办学自主权,完善学校内部治理结构,《教育部等五部门关于深化高等教育领域简政放权放管结合优化服务改革的若干意见》明确行动路线,伴随政策一起出现的是高等教育领域的综合改革纷纷启动,政府对学校放权以及高校简政放权为扩大院系办学自主权提供了政策参照和前提条件。三是学理依据。我国高校成立二级学院,实行两级管理体制是基于对学院制的借鉴,学院制是指大学下属的各学院有自己的治理机构来自主管理学院,学院服从大学基本法规、政策,但学院或其成员掌控大学一切事务的组织与制度。以学院制著称的牛津大学每个学院都拥有皇家枢密院颁发的学院章程,学院享有财政、人事、招生、课程设置以及教学等权利,是牛津大学治理结构重心(任小琴,2018)。四是现实依据。通过对众多相关文献的梳理,结合对高校教职工、学生、校友等利益相关者的问卷调查,发现无论是高等院校研究者还是高校内部人员均指出,校院两级关系中存在诸多问题,最突出的问题表现为学校缺乏顶层设计,对校院权责关系没有明确的制度规定;学校层面过度集权,放权力度不够,且存在事权下放过大,人权财权等资源性权力下放不足;院系自身治理能力不足,下放的权力不知如何运用使其发挥作用等,这些问题导致高校两级管理体制改革的普遍局面"一收就死,一放就乱"。

我国高校在扩大院系办学自主权,推进学院办大学的道路上做出了诸多尝试。先后有清华大学、北京大学、上海交通大学、复旦大学和浙江大学等高校于2015年左右开展"院为实体"办学改革。中山大学提出"院系办校"新办学模式。纵观各高校"院为实体"改革实践及成效,可见推进"院系办校"是一项系统工程,它不是简单地扩大院系办学权力就可以实现的,而应该从多个维度对权力下放进行保障。

首先,学校层面应该转变校部机构的职能,精减机构,合理控制学校行政机构数量及其规模。将服务类中心从校部机关剥离,实现行政管理与行政服务分离。整合分散在不同部门相同或相似的职责,理顺部门职责关系,实现一件事情主要由一个部门负责。其次,在校部机关职能转变的基础上,将能够下放的权力下放至院系,并明确细分校院两方在财、人、物、事方面的资源配置权限。最后,制定法律或规章制度明确权限。在校院双方就权责利均十分清晰的基础上,制定明确的法律或规章制度将各自权限确定下来,确定院系办学自主权的合法性。

(三) 完善院系考核机制,增强院系治理能力

从当前国内高校院系治理现状来看,可以发现我国高校院系治理水平和治理能力有待提升,而提升院系治理水平的关键在于完善院系考核机制,对院系的考核是院系发展的直接动力,因此完善院系考核机制实际上是转变院系治理的驱动方式。

首先,应该强化院系绩效考核,变"资源驱动"为"目标驱动"。学校在下放权力、下拨资源时,签订目标责任书,建立目标考核机制。通过目标考核引导学院的内生动力,用关键绩效指标来明确各学院的发展目标,对指标进行详细分类——核心指标、个性指标以及自选指标。在激发学院办学活力方面,可建立院系考核评分机制,将各类指标按照不同权重计入学院绩效得分,并依据该分数对各学院进行排序,促使学院努力完成更多目标,始终围绕学校发展定位。同时,改变学院过度依赖学校资源支持的状态,鼓励学院主动加强与行业企业的合作以自筹资源。

其次,应该加强院系工作的日常监测和监管,变"结果考核"为"动态监控"。在学院关键目标确定后,将其作为院系工作的指挥棒,学校对院系的考核不严格要求完成所有指标,而是采用日常监测。以协议形式将校院协商制定的院系发展目标固定下来,进行契约化管理。学校应该切实转变对院系的考核方式,由"重结果"的考核转变为"重过程"的质量监测和动态监控。在加强对院系全过程的质量监控环节中,可以设立专门部门对学院上报的指标情况进行认定,并在此过程中收集学院指标完成情况,建立指标数据库,既确保了数据的真实可信,又加强了学校对学院的动态监控。

再次,完善院系考核评分机制。对院系的考核方案以任务目标为依据,以各院系年度目标为评价标准,以常规指标为基础,考查目标完成率;以重点指标为补充,作为加分指标,按完成项加分;以经费贡献为微

调,考察经费增长和实际能力。对常规指标、重点指标和科研经费各自所占权重都进行明确规定。为打破优势学院与弱势学院之间排名固化现象,激发弱势学院的办学活力,评分机制的制定应该充分考虑不同院系学科差异。

最后,完善对院系领导班子、管理干部考核评价机制,将院系领导班子的任期考核与学院考核相结合。坚定不移地突出一流导向,奖惩分明,确保主责主业与考核激励方向一致。目前,院系领导班子考核主要体现在履行岗位职责的情况方面,内容包括德、能、勤、绩、廉五个方面的工作表现,指标比较原则、内涵模糊,且未将上述五个指标充分结合高校"人才培养、科学研究、社会服务、文化传承与创新、国际交流与合作"使命进行分解,或存在分解不全面等情况,从而导致考核评价内容缺乏针对性。应根据不同院系的工作目标,结合学校院系自主权下放和"一院一策"工作进展,制定院系领导班子的个性化考核指标,使考核与目标高度结合,保证考核成为衡量院系业绩水平的"真考核"。

(四)推进"一院一策",实现院系个性化发展

"一院一策"是院系自主办学的政策保证,也是激励院系自主办学的不竭动力。"一院一策"强调应充分发挥师生的主体作用和院系的责任主体作用,激发和激活全体师生的创造力和积极性,释放教学和科研的活力,建设世界一流大学和学科。

首先,应坚持"教授治学"基本原则,强调学术委员会在改革中的作用,真正发挥教授在人才引进和学术评价等方面的作用,促进院系实现科学发展、特色发展、内涵发展。其次,应加大院系在资源配置等多方面的自主权。在充分授权、权责统一的原则指导下,明确资源配置、厘清权限边界,确保各院系在约定周期和授权范围内充分行使自主权。有利于明确院系在人事管理、组织设置、财务管理、教学管理、资源配置、学术管理等方面的自主权。再次,"一院一策"应实行差异化高效管理,推动院

系个性化自主发展。"一院一策"推进精细化管理,建立开放、协同、高效、创新的扁平化管理结构与联动机制,探索形成指导监督有力、责权关系明晰、开放合作有序的现代哲学社会科学科研管理体制。通过形成不同院系个性化资源配置和自主权要求,实行差异化管理。

二、明晰党政学关系,完善院系内部横向分权机制

2010 年修订的《中国共产党普通高等学校基层组织工作条例》正式将党政联席会议制度确立为院(系)级单位党组织的工作体制和决策方式。2014 年发布并实施的《高等学校学术委员会规程》(教育部令第 35号)明确规定学术委员会是高校内部最高学术机构,在制度上保证学术委员会对学校学术事务的统筹权。与学校对应,部分高校在院系层面成立学术委员会或教授委员会(也有两者并行),作为院系层面最高学术机构,统筹院系学术事务。总体而言,国内高校已基本确立院系内部领导体制是党政联席会议,学术事务决策机制是学术委员会(教授委员会)。虽然有许多学校院系学术委员会(教授委员会)已经成熟,如浙江大学光华法学院、化学系等。但多数院系尚未形成正式的章程、规程或议事规则,学术委员会(教授委员会)权力目前尚未完全得到制度上的保障。此外,在实际运行过程中,院系学术委员会职能发挥有待提升。可以从领导的体制机制、加强学术自治和完善决策过程三方面明确党政学关系,从而完善院系内部横向分权机制。

(一) 树立学术自由理念,尊重学者的学术判断力

学术治理体系现代化是现代高等教育治理体系的核心特征。当前,我国高校学术权力呈圈层结构,在院系学术治理中,党政核心领导居于学术权力中心,其他行政领导位于外围,普通教师处于学术权力边缘(张继龙,2017)。教师权力边缘化主要表现在三个方面,一是党政与学术系统间权力边界不清。该问题也是院系治理中的焦点,学术事务决策权不

在学术委员会，而在院系行政系统和党委系统。二是制度设计与学术判断融合不充分。即院系学术委员会在学术事务上未能充分发挥学术判断力，如在人才引进和教师职称评定方面，制度上已经对两个问题设置了诸多成熟的标准及条件，导致学者不能充分运用其学术判断力去推荐真正优秀的人。三是教师在学术事务上尚不能充分凭借其专业能力参与决策，院系其他事务更无法参与进去，总体来看，教师在院系治理中处于边缘地位。

尊重学术自由是完善院系内部党政学关系的前提，而尊重学术自由，首先应该给学术委员会（教授委员会）充分学术权力。学术权力回归基层学术组织和学术人员手中，应进一步推进学校重心下移，扩大院系自主权，将人事管理权、基层组织设置权、财务管理权、资源配置权、教学管理权、学术管理权等权限继续下放。其次，院系应该充分尊重院系学术委员会在人才引进、教师考核评价等方面的决定性作用，增强学术委员会在学术相关事务中的话语权。加强党委对学术委员会的领导，而不必过多关注学术权力被行政权力或政治权力挤压，党委和行政系统在方向与程序上对学术事务的决策进行把关。再次，应该平衡制度设计与学术判断间的关系，充分尊重学术判断力。完善学术事务方面的制度建设，明确学术管理与行政管理、学术制度与行政制度之间的区别，学术制度应注重发挥学术共同体的作用，以及院系学术委员会委员的学术判断力，制度设计上应该为学者留有一定空间。最后，鼓励教师参与院系发展及其他相关行政事务的决策过程。浙江大学光华法学院、化学系的教授委员会的定位既是院系学术性事务的决策和审议机构，同时也是学院改革发展的咨询机构，为党政联席会议提交的事项提供决策或咨询意见。

（二）党、政、学明确分工，决策过程三权充分融合

职能上，进一步明晰院系行政权力和学术权力职权定位。厘清学术权力和行政权力的关系,明确院系学术委员会与院系党政管理体系的职责,并从制度上保障院系学术委员会与院系党政管理体系形成有机协调的联动机制。进一步保障院系学术机构的职权、地位,推动学术委员会职权清单化,明确院系学术委员会(教授委员会)在审议重大学术事项上的责任及权力,明确主要审议事项、决策事项、评判事项、咨询事项,保证学术委员会更加自主运行。充分保障教授在学术领域行使学术权利,加快推进落实教授治学。浙江大学化学系在职能分工上已基本明确边界,系行政主导用人和劳资相关的教师聘岗工作,教授委员会主导与学术评价相关的工作。浙江大学光华法学院教授委员会专司人才引进、教师职称职务升等与学院发展咨询,学术委员会协助处理学术事务并行使除人才引进、教师职务职称升等最终决议权外的学术权,学院党委行政负责决议党政事务和学院日常建设与发展,分工明确,治理机制运作顺畅。

决策程序上,院系可适当转变思路,树立共同治理观念,学术人员、党政人员在学术委员会和党政联席会议之间允许对方成员及其他成员进入。加强党委对院系学术委员会的领导,重大学术事务决策应通过党政联席会议、党委会等。在做出重大决策前应征询董事会或其他咨询委员会的意见和建议,决策提案具有普遍代表性,反映绝大多数利益相关群体的声音。总之,院系事务决策过程中院系每件事项的决策都涉及多个利益群体,各群体都有权利参与讨论、参与共同治理,而不是由少数主体决定。

三、基于利益相关者共同治理理论,完善共同治理机制

(一) 完善顶层设计,加强民主参与治理的制度供给

完善制度设计应该明确纵向、横向权责利关系。从当前国内高校的具体实际来看,院系主动性较为缺乏,学校层面应该发挥示范作用,故本书认为加强制度建设应该“自上而下”进行。首先,学校与各院系负责人

也包括院系资深教授进行协商，讨论决定院系应该具备的办学自主权，确定后将权力事项进行公示并征求各方意见，经多轮讨论协商后确定形成正式的制度文本并公开颁布。其次，院系在明确自身拥有的权力范围基础上，对院系的权力进行二次划分，使不同事项的权力合理地分布在不同主体，并制定清晰明了的规定，其他权力主体不得越权越位。

加强制度建设应该增强程序意识，建立明确的议事规则与办事流程。在对多所高校学术事务决策、执行流程的实地调查中，诸多学术事务管理人员指出其所在院系学术事务及其他相关事务的决策、执行过程缺乏明确的、正式的规章制度对其进行规定，导致议事过程不够科学民主、决策效率低下；在执行过程中，由于权责不明确，互相推诿，导致具体事务执行程序混乱和效率低下。基于上述考虑，院系内部应该树立较强的程序意识，制定明确的议事规则与办事流程，这也是制度贯彻落实的保障与前提。

完善民主参与管理应该形成高度一致的制度文化。在对院系内外部治理问题影响因素的调查中，制度因素占据首位，一方面是制度建设不健全，而更深层次的原因则是缺乏"自上而下"的制度意识，顶层管理人员缺乏制度建设的主动性，而基层管理人员和执行人员则缺乏可以遵照的制度；另一方面按章办事的意识薄弱，一般采用便于管理的方式处理问题。总体而言，无论是学校层面，还是院系层面都缺乏制度意识，尚未形成一致认可的制度文化。因此，在完善院系内外部制度建设的过程中，应该注重制度文化的构建，鼓励所有成员遵守规章制度，并积极主动运用规章制度。这样即使制度在具体运行中出现问题也能够得到及时修正完善，推动院系制度建设迈上新台阶。党的二十大报告指出："健全基层党组织领导的基层群众自治机制，加强基层组织建设，完善基层直接民主制度体系和工作体系。"高等教育治理体系现代化的重要方向就是健全高校内部的基层民主，完善师生员工参与民主管理和监督的工作机制，发挥教职工代表大会和群众组织作用，进一步拓宽师生员工积极参与高校治理渠道,保障师生员工依法管理学校公共事务的权利。

(二)丰富参与治理的渠道,构建多元要素共同治理格局

院系治理结构的利益相关者众多(见图6-4),包括党委成员、行政人员、学术人员、学生及校友、企业与行业组织、资助者以及民间评估机构。由于各方都代表各自的利益,因此,他们对院系提供的高等教育的期待也各有不同。马凤岐等学者依据高等教育期待划分各主体与高等教育的利益相关程度。党委作为中国共产党在高校的基层组织,对高等教育的期待往往是宏观层面的,主要表现为生产性、政治性和意识形态以及学生的全面发展。院长及其行政队伍作为院系内部各利益相关者的协调方,对高等教育的期待主要表现为生产性、政治与意识形态、学术

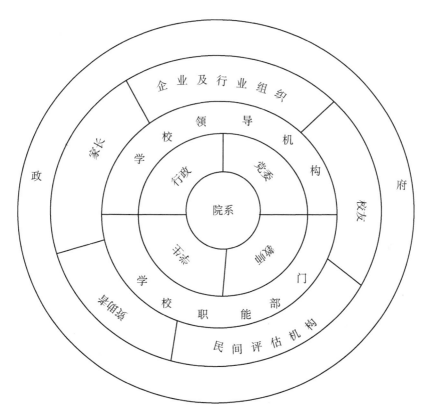

图6-4　院系内外部利益相关者示意图

声誉、学生发展、价值观五个方面。时任北京大学校长林建华提道:"我们的教育不是要把人变成工具和机器,而是要'学以成人'"。学术人员作为直接利益相关者,也是院系人才培养、科学研究的具体实施者,其期待表现为知识的传承与创新、学生的全面发展、高等教育机构的价值观及学术声誉。学生及校友作为院系人才培养质量的表现之一,他们对高等教育的期待表现为生产性、学校声誉、个性发展以及高平均学分绩点(GPA)。企业和行业组织作为外部利益相关者,也是高等教育的市场,院系培育的学生最后要面向企业与行业,科学研究也要与企业、行业组织的需求对接,故他们对高等教育的期待主要是生产性及对特定行业工作的适应性。资助者对院系治理的影响仅限于特定资助项目,其期待则主要是理想、情怀与价值观。第三方民间评估机构对院系发展的影响取决于政府政策,他们的期待表现为知识创新、生产性以及社会声誉。

纵观我国高校院系内部治理结构,基本都设有党政联席会议、院系学术委员会(或教授委员会,也有部分学校尚未成立)、二级教代会作为基层组织的民主决策和民主监督机构,这种结构布局为党委系统、行政系统以及教师系统都建立了参与院系治理的渠道,而学生系统和社会系统缺乏正式参与治理的渠道,问卷调查结果显示超过半数的被调查者所在院系没有设立董事会,大多数被调查者不清楚是否成立院系董事会,以及是否有学生参与治理的途径。在董事会成立和扩大学生参与度的必要性调查中,各利益相关群体对扩大学生和社会人员参与院系治理有较高的呼声。因此,无论从实际情况还是被调查者的意愿来看,提升社会与学生参与院系治理程度是十分必要的。将学生系统、社会系统均纳入院系治理框架中,丰富并不断完善其参与渠道与方式,构建院系内部党委系统、行政系统、教师系统、学生系统、社会系统等多元要素共同治理格局,发挥多主体的治理智慧,推动院系治理水平进一步提升。

提升学生参与度。首先,可学习借鉴部分高校院系的做法,鼓励院长定期召开学生座谈会,与学生就教学、课程等相关问题进行面对面沟通,可以使院系领导直接获取学生对于教师、教学、课堂等的反馈与评价。其次,完善院系学生会组织定位,克服学生会组织被异化为院系附属机构的现象,充分发挥院系学生会代表的功能,及时反馈和表达全体学生的意见和建议。建立院长信箱,使每一个学生都能够拥有与院长对话的平台与方式,院长及其行政队伍应该及时对院长信箱进行回复,并将具体问题落实解决。此外,提升学生参与度可以借鉴加州大学伯克利分校的做法,成立与学生教学、科研等相关的专门委员会,学生在其中担任委员,使学生能够在法律及规章制度范围内发表自己的看法及建议。

提升社会成员参与院系治理。一种途径是正式化的制度参与,比如院系成立董事会,成员可以是毕业校友、企业人士、国内外专家学者,社会组织代表等社会各界人士,各类成员可凭借其为院系提供的捐赠、项目、专家视野与专业能力等有利于院系发展的资源成为董事会成员。又如,院系可聘请其学科所属行业的业内精英人士参与院系学术委员会,为院系研究与社会接轨提供方向性的建议,有利于院系学科、研究布局与时俱进。另一种途径是非正式化的合作途径,这种非正式化并不是指没有规章制度、合同制度,而是指不用成立专门的组织或参与院系正式组织的方式进行合作。比如,校企联合培养,学校聘请行业专家为学生开阔专业视野,企业导师参与院系人才培养、学科建设的讨论,为学生开展职业发展规划课程或讲座,院系与企业建立合作,派遣学生去企业实习或承担企业项目等,都可以加强社会对院系治理的影响。

(三) 营造共同治理氛围,增强基层组织参与治理的积极性

增强院系参与治理的积极性,实现共同治理。要实现基层院系内部共同治理,首先应该在明确学校与院系关系上进行突破,变"上下隶属"关系为"共同治理"。校院(系)两级成为对组织目标高度认同的紧密战

略同盟，实现由学院承接学校既定建设任务到学院成为战略谋划的重要参与方，主动向学校提议建设任务。在推进院系自主权改革的过程中，要强化院系责任意识，建立责任机制，让学院在学校达成共识的战略框架下更加自主地开展办学活动。鼓励其积极参与实现学校战略目标的努力中，达成学校与学院协同治理的目标。

完善教师意见表达与反馈机制，提升教师参与治理的积极性。要提升教师参与十分重要的是要提升教师参与度。实际上，教师群体内部由于职务职级、工作年限、学术压力等各不相同，导致其参与度不高的原因也各不相同。在对教师参与度的调查中，将教师分为资深教授和普通教师两个群体，资深教授凭借其自身学术水平在院系学术委员会或者党政系统中担任一定职务，在学术事务及其他院系事务中有一定发言权，导致该类群体参与度不高的原因主要是决策会议中议而不决的现象，教授们提的意见建议没有得到反馈，一定程度上挫伤了他们的积极性。调查结果显示，普通教师几乎不参与院系学术事务和其他事务的决策，也不发表意见和建议，基本上处于边缘化的状态。在对他们参与意愿的调查以及对具体事项各主体应该发挥作用的调查中，发现他们参与院系事务决策的意愿并不很高，甚至部分教师认为院系学术、行政及两者交叉事务均应由院系党政领导决定。导致普通教师群体参与院系治理积极性不高的原因很有可能是因为教师本身有晋升需要，在当前评价体系下，晋升须要发文章、做项目等，精力无法分配到院系具体事务的决策上来，故参与意愿都不高。此外，由于参与院系事务决策是一项院系内部服务性工作，参与该工作并不能给参与者带来直接利益，这也是导致教师参与感不高的原因之一。

基于上述原因，要提升教师共同治理参与度，一是要建立教师提议的反馈机制。重视教师通过会议或其他途径提出的意见和建议，并加强与相关职能部门的沟通，对教师提出的建议作出书面反馈，并在可操作性事务上充分落实与推进。二是要完善普通教师考核评价指标和激励机制。重视普通教师尤其是青年教师群体,适度控制青年教师职业成长的难度,为其减轻一定压力,鼓励其参与院系治理。三是参与决策报酬机制。建立教师参与院系治理的激励机制,激励形式可以是参与治理的劳务费或补贴,也可以是其他方面的鼓励。

总结与展望

进入新时代，如何应对百年未有之大变局以及社会的激烈变革？我国正在步入高校与政府、市场社会的多元共同治理模式，在高校治理结构变革上切实予以积极应对。

为实现我国高等教育现代化建设世界一流大学的宏伟目标，治理结构的变革是绕不开的话题。为解决我国高校治理体系和治理结构变革面临的困境，高等教育领域必须进行全面、综合改革。构建现代大学制度，高校要通过理念、制度、能力、方法等的革故鼎新，审时度势，顺势而为，乘势而上，不断完善现代大学治理体系，逐步提升治理能力，推进教育治理体系和治理能力现代化，加快推进"双一流"大学建设，走高质量发展之路，建成教育强国。

大学治理是利益相关者参与大学重大事务决策的结果与过程。从中国特色现代大学建设所面临的制度建设问题，以及在高校治理实践中的现实问题来看，大学治理的核心在于解决大学决策权力的分配问题，重点是决策权力的分配结构与权力行使过程，高校内部和外部治理关系的协调，利益相关者诉求的满足与权衡……中国高校在发展历程中拉锯式的尝试和探索。

在我国，要构建具有中国特色的高校治理结构，须统筹各个要素的参与和决策，但大学外部治理和内部治理盘根错节，利益相关者错综复杂。从利益相关者理论和要素分析出发，首先，分析高校内、外部利益相关者的利益诉求，在诸多利益相关者主体之间寻求平衡点，探寻其分布在高校治理结构中的变革机理。其次,在共同治理视阈下,根据高校的不同类型,探寻相异的治理结构变革路径。深究高校治理结构的变革逻辑,建构高校与社会全新的关系框架,提出高校治理结构变革的不同路径。再次,通过对国外高校共同治理的历史演进和我国高校治理结构的变革路径进行比较分析,不难看出高校与政府和社会具有较强的外部关系。最后,完善党委领导下的校长负责制,探索党委领导下的董事会参与决策制度,赋予理事会、董事会提供咨询、参与审议、监督办学质量的职责,界定其职能和权力,依法分权而治,形成权力分配和制约机制,使其在政府、企业、高校、社会等多元共同治理中发挥积极作用,达到高校内部和外部各方利益最大化,实现有效治理,分析其机理与机制,探寻各利益相关者的相互关系及其诉求,从学理上为我国高校治理结构变革奠定基础。

顺着这个理论基础、治理机理、演变逻辑和变革思路,探寻中国特色一流大学体系架构和治理结构变革路径,多元参与、协同共治、共同治理。将各个利益相关者纳入治理结构中,明确各要素的职、责、权,如知情权、建议权、监督权、问责权、审议权等,特别是决策权。逐步形成和完善治理体系,在运行中形成管理体制、决策机制、执行机制等。

中国高等教育从管理体制改革到治理体系和治理能力现代化,是一个与时俱进的过程。我国高等教育改革波澜壮阔、砥砺前行,大学从"象牙塔"走向社会"轴心机构",经历了从传统到现代的转型。历经从校务委员会制度、校长分工负责制、党委领导下的校务委员会制度,到校长负责制,再到党委领导下的校长负责制,以及"党委领导、校长负责、教授治学、民主管理"的高校内部领导体制十六字方针,基本确立了具有中国特色的高等教育治理体系。走好中国式高等教育现代化的新道路,必须加强党对教育工作的全面领导。高校要通过加强党委领导的核心作用,以此为中心厘清高校共同治理关系及其定位为基础,统筹内外部治理要素,探寻治理结构变革路径。

一是高校外部治理体系的完善要把握好高校与政府和社会的关系。外部治理的助力对完善大学制度、推进大学内部治理体系和治理能力现代化具有重要作用。因此,需要积极探索新型的政府统筹领导、高校自主办学和社会积极参与的高等教育协同治理体系,构建政府、高校与社会合作共赢、相互制衡的新型关系。

二是高校内部治理结构要从厘清校院权、责、利关系,明晰党、政、学三者之间职权界限两个方向进行优化。高等教育治理体系中诸要素之间纵横交错,要进一步协调与完善行政管理与学术自治之间等诸方面的关系,校院两级治理和校院之间的分权有助于加强各个利益相关者多元主体参与共同治理。

三是要强调利益相关者多元主体参与共同治理。统筹各个要素的参与和决策,厘清大学外部治理和内部治理中错综复杂的利益相关者。从利益相关者理论和要素出发,首先要分析高校内、外部利益相关者的利益诉求,在诸多利益相关者主体之间寻求平衡点,探寻其在高校治理结构变革中赋予的角色与定位。

党的十八大之后,大学治理体系和治理能力现代化踏上新征程。党的十九大明确指出"加快一流大学和一流学科建设,实现高等教育内涵式发展",高等教育事业得到突飞猛进的发展,高等教育治理也越来越复杂多元。党的二十大报告强调:"教育、科技、人才是全面建设社会主义现代化国家的基础性、战略性支撑……深化教育领域综合改革……加快建设中国特色、世界一流的大学和优势学科。"

党的十九大以来,党中央统筹中华民族伟大复兴战略全局和世界百年未有之大变局,坚持和完善中国特色社会主义制度、推进国家治理体系和治理能力现代化。中共十九届四中全会提出,推动构建人类命运共同体。高等教育作为人类的事业、全球的共同利益,高校共同治理结构的变革是回应人类命运共同体的要求,也是中国追求与使命担当的应有之义。

党的二十大报告指出"未来五年是全面建设社会主义现代化国家开局起步的关键时期……改革开放迈出新步伐,国家治理体系和治理能力现代化深入推进……在全球治理中发挥更大作用"。高校是教育、科技、人才的融合交汇点,要通过高水平的教育治理结构变革,在办学治校各领域各方面推动教育、科技、人才三位一体协同发展。我国高等教育治理体系现代化要沿着党的二十大指引的前进方向,既体现教育现代化的"共同特征",又充分彰显"中国特色",更具有"胸怀天下"的担当,走中国式现代化的新道路。

高校治理在学术界目前尚无统一定义,人类面临的各种挑战使高等教育治理成为核心议题之一。由全球大学创新网络(Global University Network for Innovation, GUNI)与联合国教科文组织等合作编写的世界高等教育报告——《面向 2030 的高等教育新愿景》认为,世界已经进入网络知识社会,应该推动高等教育治理模式更具开放性、合作性及灵活性。鉴于当前复杂形势,没必要采用一种标准化的治理模式,重视治理模式的四个因素、尊重机构文化、确保学术团体参与相关决策过程、适当推动与其他大学的竞争与合作以及加大当地社会对大学事务的参与力度等,利益相关者的共同治理成为实现大学治理现代化的应然之路。

中国高等教育管理体制机制的改革创新走过了波澜壮阔的发展历程。高等教育发展的"中国之治"体现了高等教育发展的"中国追求",是高等教育治理体系现代化"中国探索"的发展果实,彰显了高等教育治理体系的"中国优势"。在高等教育现代化进程中,中国既表现与世界发展态势趋同的一面,同时也表现自己独特性的另一面,与中国本土的实际情况和特色相结合。高等教育治理体系现代化是建设高质量高等教育体系的关键环节,也是扎根中国大地办好中国特色社会主义高等教育的重要保证。在高等教育治理体系建设方面,彰显中国担当,发出"中国声音"。在高等教育国际化纵深发展的时代背景下，国家区域之间高等教育治理模式互学互鉴的广度与深度得到了前所未有的发展，我国高等教育也要积极参与全球高等教育治理变革，融入改革浪潮，为世界高等教育治理体系创新贡献"中国智慧"，为解决世界高等教育发展难题提供"中国方案"。共同参与的现代大学治理体系，是当前世界高等教育治理体系的一般属性。应对全球化带来的激烈竞争，破题当前我国高校治理结构改革面临的困境，外部治理结构和内部治理结构变革协调推进，坚持和完善党委领导下的校长负责制，是构建具有中国特色的多元治理、共同治理的新格局和新体系的必由之路。

高等教育治理体系和高校治理结构具有相对稳定性，但同时又是开环的、开放的和动态发展的，不是固化的、封闭的和亘古不变的。高校共同治理结构的变革，这个演进过程不可能一蹴而就，而是循序渐进继承与创新的，要根据国情和我国高等教育高质量发展的实际情况，不断创造治理体系现代化的新形态。高校治理结构的变革，既是应对当下风云变幻的国际国内形势，亦是高等教育自身发展和内在逻辑与发展动力的应有之义。

现代大学制度改革，构建具有中国特色高等教育治理体系和治理能力现代化，高等教育现代化是中国式现代化的重要组成部分。2024 年 5 月，习近平总书记在山东省济南市企业和专家座谈会上指出："进一步全面深化改革，要锚定完善和发展中国特色社会主义制度、推进国家治理体系和治理能力现代化这个总目标，紧扣推进中国式现代化。"深刻阐明了进一步全面深化改革的方向。中国式现代化指引高等教育体系的构建，推动高等教育高质量发展，以高质量发展推动中国式教育现代化，全面支撑中国式现代化建设，相辅相成，相得益彰。走出"中国之治"的道路，走好中国式高等教育现代化的新道路，我们何去何从？

——我们永远在路上。

——扎根中国大地,在探索中国式现代化高等教育高质量发展之路上。

——在探索具有中国特色高等教育治理体系和治理能力现代化之路上。

附录 1　调查问卷

我国高校治理结构研究调查问卷

1. 您现在所在的高校(在校师生)/曾就读的高校(已经毕业的学生)是[单选题]*

○A. 一流大学建设高校　　○B. 非"双一流"本科院校　　○C. 其他

_____

2. 您的身份是[单选题]*

○A. 党委成员

○B. 专职行政管理人员

○C. 有行政职务的教师

○D. 专职教师

○E. 学生

○F. 校级职能部门

○G. 毕业校友

○H. 其他社会人员

3. 您的职称是[单选题]*

○A. 教授(或正高级职称)　　○B. 副教授(或副高级职称)　　○C. 讲师(或中级职称)　　○D. 无　　○E. 其他_____

4. 您所在学校与院系签订明确的权责清单［单选题］*

○A. 是　○B. 否　○C. 不清楚

5. 您对您所在学校的院系办学自主权［单选题］*

○A. 完全不了解　（请跳至第 8 题）

○B. 不太了解　（请跳至第 8 题）

○C. 有一些了解

○D. 比较了解

○E. 非常了解

6. 您所在院系享有办学自主权大小［矩阵多选题］*

权力类别	无	较小	一般	较大	全权
学术管理权					
教学管理权					
人事管理权					
财务管理权					
资源配置权					
基层组织设置权					

7. 您通过以下哪种渠道参与学校的治理（可多选）［多选题］*

□A. 党政联席会议　□B. 学术委员会　□C. 教授委员会
□D. 教职工代表大会　□E. 董事会　□F. 学生代表大会　□G. 座谈会/咨询论证会　□H. 校长接待日　□I. 校长信箱　□J. 无　□K. 其他_____ *

8. 您所在学校是否有学生参与院系治理的机制或途径［单选题］*

○A. 有_____ *　○B. 无　○C. 不清楚

9. 您所在学校是否设立董事会［单选题］*

○A. 是　○B. 否　（请跳至第 12 题）　○C. 不清楚　（请跳转至

第12题)

10. 您所在学校董事会由哪些人员组成(可多选)[多选题]*

□A. 党委领导　□B. 行政领导　□C. 有行政或学术职务的教师

□D. 普通教师□E. 学生　□F. 校友　□G. 不清楚　□H. 其他_____

11. 您所在学校董事会成员产生方式是(可多选)[多选题]*

□A. 职务产生　□B. 学校领导任命　□C. 教职工推选

□D. 捐赠　□E. 不清楚　□F. 其他_____

12. 您所在学校主要治理机构的人员组成/参会人员有[矩阵多选题]*

	党委领导	行政领导	行政人员	资深教授	普通教师	学生	校友	其他	不清楚
学术委员会									
党政联席会									
教职工代表大会									

13. 您所在学校主要治理机构成员的主要产生方式[矩阵单选题]*

职务产生	校领导任命	民主选举	不清楚	其他
学术委员会				
党政联席会议				
教职工代表大会				

14. 您所在学校的院系领导产生方式是[单选题]*

○A. 公开选举　○B. 提名选举　○C. 校级领导任命　○D. 不清楚　○E. 其他_____*

15. 您在学校的院系中事务决策的参与程度是[矩阵单选题]*

	知情	监督	咨询建议	否决	决定	不参与
学术事务（如教学科研等）						
行政事务（如院系规划、领导遴选、经费筹措使用等）						
学术行政交叉事务（如教师聘任与晋升等）						

16. 您所在学校的院系事务决策主要体现谁的意志（请选择您认为最主要的1—2项）［矩阵多选题］*

事务类别	学校领导	党委领导	行政领导	学术委员会	全体教师	不清楚	其他
学术事务							
行政事务							
学术-行政交叉事务							

17. 您对所在学校的院系治理要素满意度是［矩阵单选题］*

	很不满意	不满意	一般	满意	很满意
您所在院系享有的办学自主权大小					
您参与院系重大事务决策的程度					
您所在院系主要治理机制运行状况					
您所在院系党委、行政、学术关系					

18. 您认为您所在学校的院系办学自主权应该［矩阵单选题］*

	扩大	保持不变	缩小
学术管理权			
教学管理权			
人事管理权			
财务管理权			
资源配置权			
基层组织设置权			

19. 您认为以下事项是否有必要[矩阵单选题]*

	非常不必要	不必要	不清楚	必要	非常必要
建立院系董事会					
提升学生参与院系决策的程度					

20. 您认为利益相关者在学校学术事务决策中应发挥的作用是[矩阵单选题]*

	知情	监督	咨询建议	否决	决定	不参与	其他
党委成员							
行政人员							
教师							
学生							
董事							

21. 您认为利益相关者在行政事务决策中应该发挥的作用是[矩阵单选题]*

	知情	监督	咨询建议	否决	决定	不参与	其他
党委成员							
行政人员							
教师							
学生							
董事							

22. 您认为院系各利益相关者在学术行政交叉事务决策中应该发挥的作用是[矩阵单选题]

	知情	监督	咨询建议	否决	决定	不参与	其他
党委成员							
行政人员							
教师							
学生							
董事							

23. 下列影响校院两级关系的因素中,您认为最重要的两项是(可多选)[多选题]*

□A. 顶层制度设计缺失,校院权责利关系不明确

□B. 校长及其团队权力过于集中,向院系放权不够

□C. 院系领导及治理主体的授权与治理能力不足

□D. 院系自身的积极性不足

□E. 其他_____*

24. 下列影响高校治理的因素中,您认为最重要的三项是(可多选)[多选题]*

□A. 制度设计缺位,对党委、行政、学术权责关系不明确

☐B. 教师、学生、董事等权力及其保障的制度供给不足

☐C. 党委权力过于强大,干预行政和学术的权力

☐D. 行政权力过于强大,干预党委和学术的权力

☐E. 领导队伍的治理能力不足

☐F. 教师、学生、董事等主体参与治理的方式与渠道缺乏或不畅通

☐G. 教师、学生、董事等主体参治理的意愿和积极性不高

☐H. 教师、学生、董事等主体参与治理的能力不足

☐I. 官本位思想浓厚,未形成共同治理的氛围

☐J. 缺乏正式的议事规则与对话协商机制

☐K. 其他_____*

25. 您认为您所在学校治理过程中存在哪些问题?[填空题]

附录 2 访谈提纲

一、学术委员会相关情况调研

1. 学术委员会建设经验、存在的问题及其在师资队伍建设与学科发展中的作用。

2. 校学术委员会的基本情况及其与相关委员会及部门之间的联系。

3. 综合改革推进与落实情况。

4. 综合改革的经验和存在的问题。

5. 对综合改革和学术治理结构改革方面的思考与举措。

二、国内外高校院系治理情况调研

1. 您认为您所在高校的治理结构包括哪些内容？内部治理结构包括哪些内容？外部治理结构包括哪些内容？内外部治理结构的边界是什么？

2. 新形势下，您所在高校内外部治理结构出现了哪些新的变化？

3. 您所在学校的院系拥有的自主权如何？权力在学校和院系层面的分配是怎样的？

4. 您所在学校内部重大事项的决策体制是怎样的？实际运行效果如何？您认为是否还有改进的空间？您对此的建议是什么？

5. 您所在学校的执行体制是怎样的？实际运行效果如何？您认为是否还有改进的空间？您对此的建议是什么？

6. 您所在学校的监督体制是怎样的？实际运行效果如何？您认为是否还有改进的空间？您对此的建议是什么？

7. 您所在学校学生等其他利益相关群体如何参与学校治理？参与治理的效果如何？您对此有何建议？

8. 您所在学校行政、学术及权力的关系如何？您所在学校在处理学院和学校关系，行政和学术关系中，有何特色举措？

9. 您认为高校内部治理结构优化的目标是什么？应该如何衡量一所高校内部治理结构的有效性？

参考文献

［1］Alberto Amaral. Glen A. Jones & Berit Karseth. Govering Higher Education: National Perspectives on Institutional Governance ［M］. USA: Kluwer Academic Publishers. 2002.

［2］Barnes. Strategies for Higher Education: The Alterative White Paper ［M］. Aberdeen: Aberdeen University Press, 1998.

［3］Birnbaum R. The End of Shared Governance: Looking Ahead or Looking Back ［J］. New Directions for Higher Education, 2004 (127):5 - 22.

［4］Bimbaum R. How Cybernetics of academic organization and leadership ［M］. San Francisco:Jossey-Bass, 1991.

［5］Duderstadt J J. A university for the twenty-first century ［M］. Ann Arbor: University of Michigan Press, 2000.

［6］Duderstadt J J. Governing the twenty-first century university: A view from the bridge ［M］. W. G. Tierney (Ed.). Competing conceptions of academic governance: Negotiating the perfect storm. Baltimore, M D: John Hopkins University Press, 2004.

［7］Gayle D J, Tewarie B, White A Q. Governance in the twenty-first century university: Approaches to effective leadership and strategic management ［M］. ASHE-ERIC Higher Education Report, Volume30, Number 1. San Francisco, CA: Jossey-Bass,

2003.

[8] Herschel, T. Germany: A Dual Academy. In D. Farmhand (Ed.), Managing Academic Staff in Changing University Systems [M]. Buckingham: Society for Research into Higher Education and Open University Press, 1999.

[9] HUTCHINS R M. The Higher Learning in America [M]. New Haven: Yale University Press, 1936.

[10] Margin son, S., & Coniine, M. The Enterprise University: Governance and Reinvention in Australian Higher Education [M]. Cambridge: Cambridge University Press, 2000.

[11] Nerve, G. & van Vought, F. Prometheus Bound: The Changing Relationship Between Government and Higher Education in Western Europe [M]. Oxford: Pergamum Press, 1991.

[12] Jeroen Huisman. International Perspectives on the Governance of Higher Education [M]. New York: Routledge, 2009.

[13] Ronald G Ehrenberg. Governing. Icademia [M]. New York: Comell University Press, 2004.

[14] Schwartz M, SkInner R, Bowen Z. Faculty, Governing Boards, and Institutional Governance [M]. Washington: Association of Governing Boards of Universities and Colleges, 2009.

[15] Spurn, B. Responsive University Structures: An Analysis of Adaptation to Socioeconomic Environments of US and European Universities [M]. London: Jessica Kingsley Publishers, 1999.

[16] Tierney W G, Minor J T. Challenges for Governance: A National Report [M]. Los Angeles: Center for Higher Education Policy Analysis, University of Southern California, 2003.

[17] Tierney W G. Improving academic governance: Utilizing a

cultural framework to improve organizational performance [M]. W. G. Tierney (Ed.). Competing conceptions of academic governance: Negotiating the perfect storm. Baltimore, MD: John Hopkins University Press, 2004.

[18] Olsen, J. The Institutional Dynamics of the European University [A]. In M. Peter & O. Johan(Eds.), University Dynamics and European Integration [C]. Dordrecht: Springer, 2007.

[19] Sadler, J. In Search of the "Post-communist" University the Background and Scenario of the Transformation of Higher Education in Central and Eastern Europe [A]. In K. Hüfner (Ed), Higher Education Reform Processes in Central and Eastern Europe [C]. Frankfurt: Peter Lang, 1995.

[20] American Association of University Professors. Statement on government of colleges and universities [R]. AAUP Policy Documents and Reports. 9th ed. Washington, DC, 2001.

[21] Americana Association of University Professors. Statement on Government of Colleges and Universities [EB/OL] http://www. aaup. org/report, 2015 – 03 – 14.

[22] Bedrail, R. Academic Freedom, Autonomy, and Accountability in British Universities [J]. Studies in Higher Education, 1990,19 (2).

[23] Ferlie, E., Mussolini, C., & Andresen, G. The Steering of Higher Education Systems: A Public Management Perspective [J]. Higher Education, 2009,56(3).

[24] Jones W A. Faculty Involvement in Institutional Governance: A Literature Review [J]. Journal of the Professoriate, 2011,6(1).

[25] Kezar A. What is More Important to Effective Governance:

Relationships, Trust and Leadership or Structures and Formal Processes [J]. New Directions for Higher Education, 2004,127.

[26] Kooiman. Social-political Governance: over view, reflection and design [J]. Public Management 1999, (1).

[27] Nerve G. The Evaluative State Reconsidered [J]. European Journal of Education, 1998,33(3).

[28] Niklasson L. State, Market, Hierarchy in Higher Education A Typology and an Outline of the Debate [J]. Higher Education Management, 1995,7(3).

[29] POPE M L. A Conceptual Framework of Faculty Trust and Participation in Governance [J]. New Directions for Higher Education, 2004,127.

[30] Scott P. Reflections on the Reform of Higher Education in Central and Eastern Europe [J]. Higher Education in Europe, 2002,27(1 - 2).

[31] 德里克·博克. 美国高等教育[M]. 乔佳义译,北京:北京师范大学出版社,1998.

[32] 丁钢. 创新:新世纪的教育使命[M]. 北京:教育科学出版社,2000.

[33] 房剑森. 高等教育发展的理论与中国的实践[M]. 上海:复旦大学出版社,1999.

[34] 弗雷德里克·E. 博德斯顿. 管理今日大学[M]. 王春春,赵炬明译,桂林:广西师范大学出版社,2006.

[35] 顾建民. 中国高等教育[M]. 杭州:浙江大学出版社,2011.

[36] 胡建华. 高等教育学新论[M]. 北京:北京师范大学出版社,2000.

[37] 黄家泉,邵国良等. 教育区域化发展研究[M]. 太原:山西人民出版社,2002.

[38] 李福华. 大学治理的理论基础与组织架构[M]. 北京:教育科学出

版社,2008.

[39] 纳德·G.埃伦伯格.美国大学的治理[M].沈文钦等译,北京:北京
　　　大学出版社,2010.

[40] 王健.治理机制[M].北京:中国社会科学出版社,2001.

[41] 王卫星.内部控制——基于高等院校的研究[M].北京:北京大学
　　　出版社,2008.

[42] 王绽蕊,顾明远.美国高校董事会制度:结构、功能与效率研究
　　　[M].北京:高等教育出版社,2010.

[43] 吴慧平.西方大学的共同治理[M].北京:北京师范大学出版
　　　社,2012.

[44] 薛天祥.高等教育学[M].桂林:广西师范大学出版社,2001.

[45] 杨德广.中国高等教育改革的实践与发展的趋势[M].上海:同济
　　　大学出版社,1999.

[46] 杨晓波.美国公立高等教育的机制研究[M].太原:山西教育出版
　　　社,2007.

[47] 张维迎.大学的逻辑[M].北京:北京大学出版社,2004.

[48] Kim S,韩梦洁.美国公立大学共同治理制度的新挑战[J].中国高
　　　教研究,2016(07):31-36.

[49] Estermann T,韩梦洁.欧洲大学自治[J].中国高教研究,2016
　　　(04):77-84.

[50] Kuzminov Y, Yudkevich M,韩梦洁.横向学术治理与纵向行政约
　　　束的博弈——俄罗斯大学治理模式变革案例分析[J].中国高教研
　　　究,2016(05):73-76+80.

[51] 毕宪顺,赵凤娟,甘金球.教授委员会:学术权力主导的高校内部管
　　　理体制[J].教育研究,2011,32(09):45-50.

[52] 毕宪顺,赵凤娟.依法治教视野中的教授治学[J].教育研究,2016,
　　　37(10):52-58.

[53] 别敦荣.加强中国的院校研究理论建设　助推高校提升办学水平 [J].中国高教研究,2016(10):24-26+77.

[54] 别敦荣.论现代大学制度之现代性[J].教育研究,2014,35(08): 60-66.

[55] 别敦荣.我国高等学校管理权力结构及其改革[J].辽宁高等教育 研究,1998(05):39-43.

[56] 别敦荣.治理体系和治理能力现代化与高等教育现代化的关系 [J].中国高教研究,2015(01):29-33.

[57] 陈金芳,万作芳.教育治理体系与治理能力现代化的几点思考[J]. 教育研究,2016,37(10):25-31.

[58] 陈露茜.保守主义时代美国公共教育中的五类控制模式分析[J]. 教育研究,2014,35(02):144-150.

[59] 陈涛,邬大光.高等教育公私并举与分类管理走势分析——基于 中、法、德三国经验的视角[J].教育研究,2017,38(07):79-91.

[60] 陈姚,段蕾.大力建设高校董事会完善大学内部治理结构[J].北京 教育(高教版),2012(11):42-43.

[61] 程接力,钟秉林.我国大学与政府的法律关系:规范分析的范式 [J].中国高教研究,2014(10):21-26.

[62] 程样国,黄长才.论扩大省级政府高等教育管理权限的几个问题 [J].南昌大学学报(人文社会科学版),2001(04):156-160.

[63] 褚宏启.教育治理:以共治求善治[J].教育研究,2014,35(10):4-11.

[64] 崔延强,邓磊.论大学的学术责任——现代大学学术研究的四重属 性[J].教育研究,2014,35(01):84-91.

[65] 杜明峰,范国睿.社会组织参与教育:机制与策略[J].教育研究, 2017,38(02):60-64.

[66] 葛锁网.改革高等教育管理体制　加强省级政府的决策权、统筹权 [J].江苏高教,1993(05):3-8.

[67] 龚虹波.地方性高校治理的政策网络分析——以宁波大学"学科大类"培养模式为例[J].中国高教研究,2015(06):81－86.

[68] 龚静.组织文化:现代大学制度建构取向[J].教育研究,2005(07):55－58.

[69] 顾海良.关于加强和改进党委领导下的校长负责制的思考[J].中国高等教育,2003(18):11－13.

[70] 顾建民,刘爱生.超越大学治理结构——关于大学实现有效治理的思考[J].高等教育研究,2011,32(09):25－29.

[71] 顾建民.大学有效治理及其实现机制[J].教育发展研究,2016,36(19):48－53.

[72] 韩梦洁,张德祥.美国高等教育结构变迁的市场机制[J].教育研究,2014,35(01):124－131.

[73] 韩梦洁,张德祥.美国高等教育制度的传承、变革与启示[J].中国高教研究,2014(01):39－44.

[74] 何晨玥,金一斌.大学章程中关于学生权利的话语体系建构——基于教育部已核准 84 所高校章程文本的比较[J].中国高教研究,2015(09):20－26.

[75] 洪煜,钟秉林,赵应生,等.高校章程中学术机构及其运行模式——基于教育部核准的 18 所大学章程的文本分析[J].中国高教研究,2015(09):14－19.

[76] 胡赤弟.高等教育中的利益相关者分析[J].教育研究,2005(03):38－46.

[77] 胡钦晓.高校学术资本:特征、功用及其积累[J].教育研究,2015,36(01):59－65.

[78] 黄明东,武陈金莲,黄俊.美国高校教师参加学校管理的制度保障探析[J].中国高教研究,2014(01):45－50.

[79] 黄少安,宫明波.共同治理理论评析[J].经济学动态,2002(04):

78－81.

[80] 黄兴胜,舒刚波,翟刚学.大学章程与大学内部治理——基于英国、意大利大学章程建设的考察报告[J].中国高教研究,2014(01):34－38.

[81] 阚阅,许迈进.重塑学术圣洁与公共信任:高等教育问责的国际经验与策略选择[J].教育研究,2014,35(08):142－148.

[82] 康翠萍.“治策”“知策”“行策”:教育发展规划决策模式及其选择[J].教育研究,2015,36(09):46－50.

[83] 劳凯声.创新治理机制、尊重学术自由与高等学校改革[J].教育研究,2015,36(10):10－17.

[84] 李成恩,常亮.协商共治:我国大学院系有效治理的可行模式[J].中国高教研究,2017(06):46－51.

[85] 李成刚,许为民,张国昌.大学治理结构中学术力量和行政力量的配置与定位研究——基于四所国外高校的分析[J].中国高教研究,2014(08):11－16.

[86] 李福华,陈晨,丁玉霞.论现代大学学术制度化的特征[J].教育研究,2016,37(12):74－81.

[87] 李福华.利益相关者理论与大学管理体制创新[J].教育研究,2007(07).

[88] 李国强.“管办评分离”进程中的高校外部质量保障体系建设[J].中国高教研究,2016(01):12－20.

[89] 李曼.论大学治理模式变革的知识逻辑[J].教育研究,2015,36(03):56－63.

[90] 廖辉.基于路径演化的大学组织结构变革[J].中国高教研究,2014(03):22－26.

[91] 刘爱生,顾建民.公共理性与大学有效治理[J].江苏高教,2013(06):38－40.

［92］刘晨飞,顾建民.美国大学有效治理研究的回顾与反思[J].江苏高教,2014(03):7－11.

［93］刘仿强.论美国大学教师地位的变迁[J].中国高教研究,2016(04):73－76＋84.

［94］刘复兴.大学治理与制度创新的逻辑起点[J].教育研究,2015,36(11):30－33.

［95］刘桂清.公立高校学生权利行政司法救济的困境及其化解[J].中国高教研究,2014(09):92－98.

［96］刘丽君,孙鹤娟.完善教育管理范式　建构三足鼎立治理结构[J].教育研究,2014,35(05):89－91.

［97］刘文君.日本院校研究状况及其发挥的作用[J].中国高教研究,2016(03):86－89.

［98］刘献君.院校研究规范发展中的若干关系[J].中国高教研究,2016(10):20－23.

［99］刘永芳,龚放.打造"学科尖塔":创业型大学治理模式的创新及其启示[J].中国高教研究,2014(10):32－36＋61.

［100］刘在洲.理顺政府与高校之间的关系是高等教育管理体制改革的重中之重[J].黑龙江高教研究,1999(03):29－32.

［101］柳友荣.澳大利亚大学内部治理特点[J].教育研究,2016,37(04):120－124.

［102］罗红艳.教授治学何以可能:基于权力要素的视角[J].教育研究,2016,37(10):59－64＋129.

［103］马陆亭.大学的有效治理取决于学者共同体机制的确立[J].北京教育(高教),2016(04):16－17.

［104］马陆亭.规划在美国高等教育统筹管理中的作用[J].教育管理,1998(03):80－81.

［105］马彦利,胡寿平.高校共同治理及其对完善中国特色现代大学制

度的启示[J].复旦教育论坛,2010(03):18-22.

[106] 缪文卿.论大学组织生成及其与社会的关系[J].教育研究,2015,36(11):64-68.

[107] 申素平,王宁可.公立高校学生管理权行使规范性的现状与建议[J].中国高教研究,2016(07):43-46.

[108] 沈文钦.英国大学法人制度确立的历史过程及其当代困境:剑桥大学的案例[J].中国高教研究2016(03):90-95.

[109] 沈亚平,陈良雨.高等教育治理现代化的生态位困境及优化策略[J].中国高教研究,2016(03):61-65.

[110] 石连海.美国一流大学内部管理特色与启示[J].教育研究,2017,38(07):149-153.

[111] 时伟.大学内部治理结构改革的逻辑、动力与路径[J].中国高教研究,2014(11):11-14+42.

[112] 史静寰.走向质量治理:中国大学生学情调查的现状与发展[J].中国高教研究,2016(02):37-41.

[113] 孙芳,王为正.现代大学治理中的学生权力阈限、问题及对策——以阿尔都塞的劳动分工理论为视角[J].中国高教研究,2014(07):38-41+84.

[114] 孙绵涛.大学治理:治理什么,如何治理[J].教育研究,2015,36(11):35-38.

[115] 孙霄兵.我国高等学校办学自主权的发展及其运行[J].中国高教研究,2014(09):9-15.

[116] 谭正航.公立高校章程中实施机制的规定问题——基于6校章程文本的实证分析[J].中国高教研究,2015(11):43-48.

[117] 汤智,李小年.大学基层学术组织运行机制:国外模式及其借鉴[J].教育研究,2015,36(06):136-144.

[118] 滕世华.公共治理理论及其引发的变革[J].国家行政学院学报,

2003(01):44 - 45.

[119] 田千山.从"单—治理"到"共同治理"的社会管理——兼论公众参与的路径选择[J].广西社会主义学院学报,2011,22(05):73 - 77.

[120] 汪霞.高水平大学建设的外部体制机制分析[J].中国高教研究,2014(11):8 - 10.

[121] 王处辉,朱焱龙.欧洲高等教育治理研究的新动向及其启示[J].中国高教研究,2014(05):13 - 19.

[122] 王海洲,徐立清.高校本科专业设置利益相关者共同治理机制探索[J].中国高教研究,2015(06):76 - 80.

[123] 王洪才.论大学内部治理模式与中位原则[J].江苏高教,2008(1):5 - 8.

[124] 王寰安.大学有效治理及其路径[J].高教探索,2016(09):29 - 34.

[125] 王骥.论加强省级政府统筹权与建设高教强省[J].江苏高教,2011(01):36 - 38.

[126] 王建华.第三部门视野中的现代大学制度[J].高等教育研究,2007(01):1 - 6.

[127] 王丽.论两种学术类型及其张力——作为伦理的学术和作为技术的学术[J].中国高教研究,2014(04):44 - 49.

[128] 王亚杰.美国大学治理对中国特色现代大学治理体系建设的启示[J].中国高教研究,2014(09):33 - 37.

[129] 王英杰.论共同治理——加州大学(伯克利)创建一流大学之路[J].比较教育研究,2011(01):1 - 7+13.

[130] 魏署光.美国院校研究的决策支持行为及其影响因素[J].教育研究,2015,36(03):150 - 158.

[131] 魏小琳.高校学术委员会制度的现实困境及其建设——基于对浙江省高校的调查[J].中国高教研究,2014(07):71 - 74.

[132] 魏小琳.治理视角下大学基层学术组织的重构[J].教育研究,

2016,37(11):65 - 73.

[133] 文少保. 权力清单推进大学治理现代化的价值、困境及路径研究[J]. 中国高教研究,2016(06):60 - 64.

[134] 邬大光,胡赤弟. 教育产权的产生、运行与大学组织[J]. 教育与经济,2005(02).

[135] 谢少华. 高等教育重新定位与大学管理制度创新[J]. 教育研究,2015,36(11):33 - 35.

[136] 许迈进,章瑚纬. 高校内部治理风险防控的理论分析与实践旨归[J]. 中国高教研究,2014(11):15 - 18.

[137] 宣勇,钟伟军. 基于治理能力提升的中国大学校长管理专业化理论建构[J]. 教育研究,2017,38(10):52 - 58.

[138] 宣勇. 治理视野中的我国大学校长管理专业化[J]. 中国高教研究,2015(01):26 - 28。

[139] 严蔚刚,王金龙. 完善我国高校党委与行政议事决策制度的探讨[J]. 中国高教研究,2015(02):20 - 24＋33.

[140] 严蔚刚. 我国高校"教授治学"的实践调适及思考——以东北师范大学教授委员会为个案[J]. 中国高教研究,2014(09):26 - 32.

[141] 阎光才. 西方大学自治与学术自由的悖论及其当下境况[J]. 教育研究,2016,37(06):142 - 147.

[142] 杨斌. 治理体系与治理能力是高校综合改革的关键[J]. 中国高教研究,2016(01):50 - 51.

[143] 杨德广. 如何走向有效的大学治理——评《大学有效治理研究》[J]. 中国高校科技,2017(04):98 - 99.

[144] 杨光钦. 高校学术生产数量繁荣与学术制度的内在逻辑[J]. 教育研究,2015,36(07):49 - 56.

[145] 姚翔,刘亚荣. 混合所有制高等院校发展的宏观治理结构探索[J]. 中国高教研究,2016(07):37 - 42.

[146] 袁广林.我国公立高校治理结构的改革——新制度经济学的视角[J].清华大学教育研究,2006,(02):52-57.

[147] 湛中乐.中国大学引入董事会(理事会)制度的思考[J].教育研究,2015,36(11):38-40.

[148] 张德祥.1949年以来中国大学治理的历史变迁——基于政策变革的思考[J].中国高教研究,2016(02):29-36.

[149] 张东,苏步杰.大学外部治理的逻辑转换与运行机制[J].教育研究,2017,38(07):101-107.

[150] 张建祥.利益相关者视域下高校办学评价体系建设的协调机制研究[J].教育研究,2017,38(01):62-69.

[151] 张杰.大学治理的核心——上海交通大学以人为本的制度激励[J].中国高教研究,2015(07):2-5.

[152] 张君辉.政府与高校治理关系调适的国际经验——基于近年英、法、日三国高等教育改革分析[J].教育研究,2015,36(09):152-158.

[153] 张洋磊,张应强.大学跨学科学术组织发展的冲突及其治理[J].教育研究,2017,38(09):55-60+131.

[154] 张应强,高桂娟.论现代大学制度建设的文化取向[J].高等教育研究,2002(06):28-33.

[155] 张应强.高等教育全面深化改革需要对高等教育改革进行改革[J].中国高教研究,2014(10):16-20.

[156] 章风云,童淑娟.学科之治:现代大学治理语境下的"教授治学"[J].中国高教研究,2015(02):30-33.

[157] 赵炬明.建立高校治理委员会制度——关于中国高校治理制度改革的设想[J].中国高教研究,2014(11):1-7.

[158] 周川.高校与政府关系的几点思考[J].高等教育研究,1995(01):73-77.

[159] 周光礼."双一流"建设中的学术突破——论大学学科、专业、课程

一体化建设[J]. 教育研究,2016,37(05):72-76.

[160] 周光礼. 实现三大转变,推进中国大学治理现代化[J]. 教育研究,2015,36(11):40-42.

[161] 周光礼. 中国高等教育治理现代化:现状、问题与对策[J]. 中国高教研究,2014(09):16-25.

[162] 周湖勇. 大学的有效治理和大学纠纷解决机制的建立健全[J]. 中国高教研究,2016,(11):33-40.

[163] 周湖勇. 大学有效治理的法理分析[J]. 中国高教研究,2014(03):8-15.

[164] 周继良. 法国大学内部治理结构:历史嬗变与价值追求——基于中世纪至2013年的分析[J]. 教育研究,2015,36(03):137-149.

[165] 周巍,孙思栋,谈申申. 学生组织参与大学治理的驱动因素研究——基于结构方程模型[J]. 中国高教研究,2016(06):70-74.

[166] 朱德米. 网络状公共治理:合作与共治[J]. 华中师范大学学报(人文社会科学版),2004(02):5-13.

[167] 朱家德. 大学有效治理:西方经验及其启示[J]. 高等教育研究,2013,34(06):29-37.

[168] 朱家德. 我国大学治理有效性的历史考察[J]. 中国高教研究,2014(07):25-31.

后　　记

书稿终于杀青，依然诚惶诚恐。

自列入全国教育科学规划项目起，书稿前后历时6年有余。课题组主要成员浙江大学国际联合学院（海宁国际校区）余倩和我一同参加上海一个学术会议，承蒙刘献君教授和陈廷柱教授抬爱，我在会上做了一个关于高校治理结构变革的报告，引起了余倩极大兴趣，选题《院系治理结构研究》作为学位论文进行研究。

浙江工业大学翁默斯从浙江大学中国科教战略研究院博士毕业后，到清华大学博士后流动站，最早加入课题组。其夫人浙江外国语学院王佳博士，也参与其中。从提纲讨论到书稿写作，伉俪无不尽心尽力。

还有我的学生江苏省南京工程高等职业学校团委副书记、浙江大学冯清博士与中华人民共和国人力资源和社会保障部王艳，参与了课题调研与现状研究；北京市东城区委党校（行政学院）刘夏参与了对策建议部分研究；广东省佛山市顺德区教育局陶瑜参与了治理结构变革的历史研究。诸位都为本书作出了贡献，因此本书是智慧的结晶。书稿由吕旭峰完成，负责提纲拟订、统筹跟进、写作内容把关以及全书统稿与润色，水平有限，谬误之处，责任在我。

是为之记。

吕旭峰

甲辰于浙江大学紫金港校区